マンション建替え奮闘記

マンション建替え奮闘記

村上佳史

岩波書店

はじめに

未曾有の大震災となった兵庫県南部地震が人々に及ぼした影響を、一〇年余りを経た今頃になってまとめるのが筆者の本意ではありません。多くの書き物が著され、多くの語り部たちは、この体験を未来へ繋いでゆくことの重さと厳しさを、自分自身の務めとして受け止めています。筆者も、当事者の一人として思いは同じです。しかし、ここで残したいのは、直接の地震被害やそこからの立ち直りのドラマではなく、あの地震をきっかけに、自らの暮らしと住まい方を革命的に変えることになった、マンション住民の経験です。

あんなことさえなければこれまでどおりの平穏な暮らしが……というのは、地震に限らず、すべての天変地異の被災者に言えることです。ましてや集合住宅の気楽な構成員として、煩わしい付き合いや慣わしなどと無縁の世界に暮らしていた人たちにとって、あの瞬間が考え方や視点の転換点になるとは、想像もできませんでした。

多くの住宅が被災した中で、やはり多くのマンションがさまざまな被害を受けました。神戸市東灘区の最も山手、神戸市住宅供給公社の手になるわが「渦森《うずもり》団地17号館」もそのひとつです。二〇棟九三〇戸の典型的な分譲団地の中の一棟です。もっともっと悲惨な状況があった中、幸い死者はなく負傷者も数名程度であった五〇戸のマンション住民は、その後数多くの初体験に遭遇することになります。

結果的に建替えの道を選択したわがマンションは、「ディセット渦が森」として一九九八年八月に生まれ変わりました。再建マンションに入居してすでに七年が経った今、突然の揺れとともに始まった経験が、この小さな書き物になります。あれほどの震災でさえ月日と共に多くが風化してゆく中、この経験と同じ不幸や苦労が再現される危険性があることを恐れるのと、今ようやく冷静に当時を振り返ることができるようになったという気がするからです。

われわれの三年半の足跡は、外から見ると、住民同士の訴訟やドロドロの人間関係などという、マスコミ受けする派手なドラマのないマンション建替え事業です。いくつかの被災マンションは、今でもテレビや新聞に登場し、反面教師として大きな教訓を語ってくれますが、この事業はマスコミにはほとんど現れませんでした。しかし、現実に成しえたこの事業こそ、地震による建替えという切り口だけではなく、広く日本のマンションの再生という視点から捉え返す必要があると思います。なぜなら、例外なくすべてのマンションが、極めて近い将来に、突然または緩やかに、この大問題に間違いなく直面するからです。ニュースにならない次元で粛々と事業が進んだわれわれの建替えこそ、先例として何かの参考になるのではと思います。

この書き物の中で展開する事業は、「マンションの再興」という言葉で総括できるかもしれません。建替えも選択肢のひとつで、他にも数々の取り組みがあります。初期に建設されたマンションでは、老朽化を理由にすでに建替えを経験したところもあるでしょうし、今まさに取り組みを進めているマンションもあるでしょう。われわれ同様、天災や事故でこの問題に遭遇しているマンションもあるに違いありません。完璧なメンテナンス体制を確立して、遠い将来まで今の建物を維持してゆくことを決めたマンションも、中にはあるかもしれません。リニューアルマンションという言葉はすでに確立していますし、必ずしも建替えが唯一の結論であるとは考えません。

このようなマンションを取り巻く大きな流れの中で、管理組合同士の情報交換が始まり、数々のサポート組織も生まれています。しかし、本当に自分たちが体験した苦しみと喜びを、マンション住民の目線でありのままにノウハウとして公開している例は、まだまだ少ないような気がします。研究対象としての報告ではなく、「どうしたか」という具体的な足跡を書き残すことにしたのは、それが理由です。多彩な人生観や社会観のるつぼとも言えるマンションを、このまま放置してはいけないということ、今から考え続けなければ大変なことになるということをお伝えしたいのです。

日本のマンションについては、専門家の書き物が多数あります。ここで素人がマンション論を展開するつもりはありません。ただ認識しなければならないのは、やがて建物は、間違いなく老いてゆくということ。次々と手を打ってゆく必要があるということ。それを可能にするのは、「再興」ということばで表される主体的で継続的な力だということです。

専門家の観点では疑問が残るかもしれないことを恐れず、ここでは、建替えという自分たちが当事者となった事例のみで議論を進めることにします。地震という、象徴的でもある突然の外力によって、われわれは一切の選択の余地なく、そして何の前準備もなく、自分たちの住まいについて手探りで考えてゆくことになりました。その結果選びとったのが、「建替え」という、ひとつの手法です。しかし、これが特殊な例ではないことは、その後一〇年の世情を見ても明らかです。規模の大小を問わず災害は繰り返され、あろうことか数々の人災に類する事件が、マンション住民の暮らしを不幸に陥れています。

経験した者にしかわからないことを綴ったこの小さな事例が、今後のマンションとその中での暮らし方についての大きなヒントになることを確信しています。成功事例には必ず理由があり、「するべきこと」を教えてくれると思うからです。

第1章では、この地の成り立ちを簡単に紹介します。さまざまなタイプのマンションとそこでの暮らしがある中で、高度経済成長期に典型的都市近郊形マンションとして建設されたわれわれの住まいの生い立ちと共に、そのころと現在の落差にも触れます。

第2章では、地震発生直後の混乱と対応、通常の管理組合活動の限界を整理します。普通のマンションではおおよそ遭遇しないであろう時間との戦いや、行政とのやりとりもありました。突然の災害が暮らしに与えた大きな変化を、今あらためて振り返ります。

第3章では、自分たちの暮らしのための素人集団の立ち上がりと、マンションという器の中での葛藤を追います。着地点が見えない中で、多くの協力者との出会いと、マンション再興へのスタートラインに立つまでのさまざまな行動を、周囲との関わりをまじえて整理します。

第4章では、建替えを目指して住民の心を一つにするための紆余曲折をまとめます。建替え事業そのものはプロの仕事ですが、そこに至る道筋は、マンションに暮らすわれわれ自身で乗り切るしかありません。最も苦しかったプロセスです。

第5章では、マンション再興のための後半の道のり、建替え事業の流れをたどります。マンションを購入するだけでは決して見えてこない事業に、われわれはつぶさに立ち会うことになりました。自分たちのマンションを造るということには、計り知れない苦労と喜びがあるのです。

第6章では、われわれが体得したマンション再興へのポイントを、もう少し一般的な形であらためて指摘します。専門家ではない筆者の言葉で、コンクリート長屋という考え方に立ってマンション問題を整理します。通常の建替えなら、いくらでも専門業者があり、法律も随分整備されました。しかし、住まい＝暮らしの建替えは、そう単純なものであってはいけないと思うのです。戸建ての建替えより多くの想いと大きな熱意がなければマンションの再興などできるものではありません。もちろん、建替えではなくマンションの現状維持だけを実施してゆくにしても同じです。大事なことは「マンション住民としての自分たち」という強い想いである、ということがお伝えできれば幸いです。

マンション建替え奮闘記

目次

カバー写真協力＝㈱キューブ
装　丁＝後藤葉子

第1章
われらが住まい渦森団地

六甲山を背に建ち並ぶ渦森団地

山、海へ行く――「株式会社神戸市」の生産品

神戸市東灘区は、東側を芦屋市に接しており、古くは灘五郷で知られる酒造りの地であり、御影や岡本など数々の神戸ブランドもかかえています。神戸の中心地はもちろん、大阪をはじめ近隣各都市にもアクセスが良く、六甲山南面の極めて恵まれた住環境と言っても良いでしょう。

坂の街・神戸の一翼を担うだけあって、最北端の六甲山頂から、最南端の海岸まで八㎞あまり、標高差は九〇〇ｍを超えます。最近では最南端は人工島の六甲アイランドですから、南北一一㎞あまりというのが正解です。埋め立て地を含めて三〇㎢ほどの土地に二〇万人が暮らす大都会ですが、この人口こそが、有名な「山、海へ行く」と評される、これまた著名な「株式会社神戸市」によって生み出されたものなのです。

世はまさに高度経済成長期。十分な平地のない神戸市が、港湾関連設備の整備に埋め立てという手段で対応するのは、むしろ正論でした。しかし、それを総合大規模開発にまで昇華させたのが、神戸市の神戸市たる所以です。山が近くにあるならその山を削って埋め立て用の土砂を取り、採取跡をニュータウンにするという、何ともうまい手法が生まれました。安く土を得て、埋め立て地と宅地が、同時に生まれていったのです。狭い六甲山南面には既に手持ちの市有地があり、公共事業という錦の御旗のもと、現在のようなアセスメント等の手法に縛られることもなかったようです。追い風は、どんどん開発側に

吹きました。

神戸市の後背地に生まれた筆者の幼い頃が、ちょうどこの時期にあたります。年に数回、神戸という大都会に出かける途中、道路上を横切る大蛇のようなベルトコンベアをまぶしく見ていたのを思い出します。屋根をかぶったベルトの上には、山から海へ行く土砂が黒々と盛り上がり、日本一長いベルトコンベアだと教えられたものです。

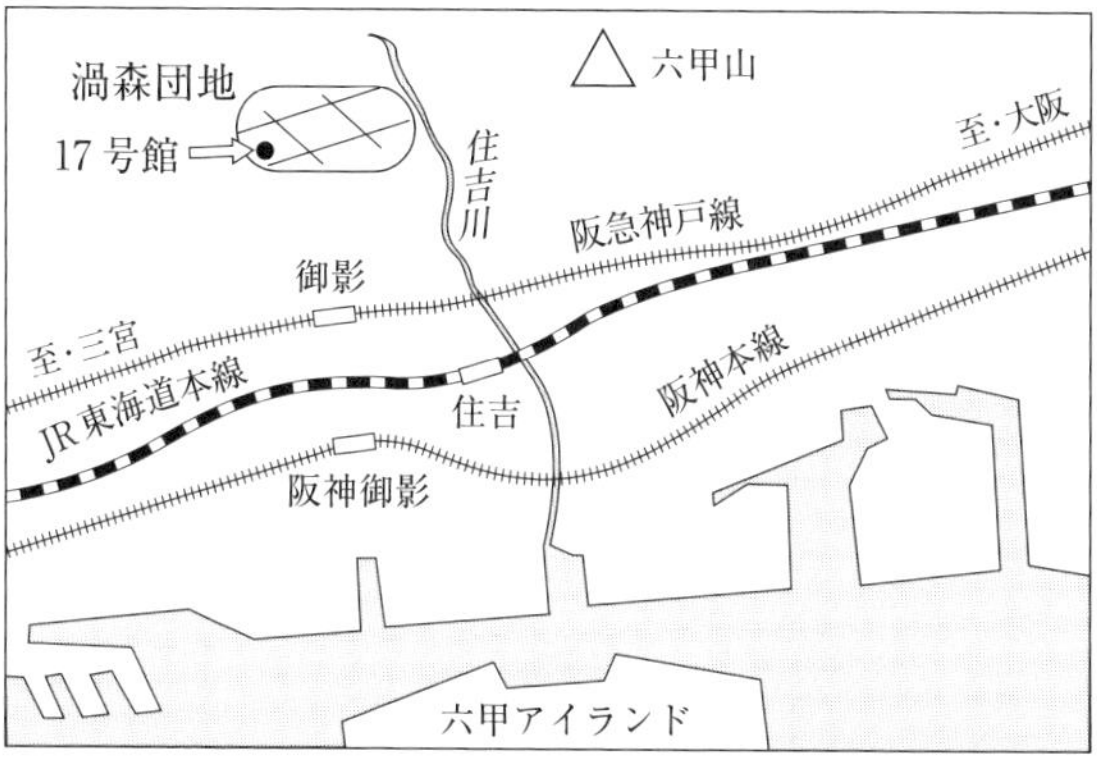

渦森団地の立地

電鉄会社による大阪北西部や大阪北東部など、民間の宅地開発は京阪神地方においても知られていますが、行政がすべてを取り仕切ったというのは珍しいでしょう。行政が複合した開発機能を持った総合デベロッパーであったということは、きちんと認識しておかなければなりません。このことは、地震が行政に大きな打撃を与えたということでもあり、その後の住宅施策への集中的取り組みにもつながったということでもあるのです。

われらが住まい、渦森団地の誕生

当地の開発は、第一期埋め立て事業として一九六二年に着工されました。六甲山中腹の渦森山《うずもりやま》(標高三八五m)を八〇mほど削って、八〇〇万㎥の土砂を切り出したと言います。渦森山は、ちょうど手近にあった住吉川の河川敷両側にトラック専用道路を造って、海へ運ばれたのです。神戸市住宅供給公社のパンフレットに記載されている土取断面図が、象徴的に「山、海へ行く」を語っています。実はこの土地造成による地震災害を、後にわれわれが身をもって体験することになります。

埋立地と同様、団地の地価上昇を見込んで、渦森団地は積立分譲住宅として分譲されました。団地はまだ造成中でしたが、起債方式で頭金を購入予定者が積立て、二年後に分譲するもので、今では珍しいこの方法の背景には、すべての物事が安定した右肩上がり、今より先はすべてバラ色、という世相がありました。

建物の構造は当時流行の鉄筋コンクリート造陸屋根五階建、一棟四〇戸または五〇戸です。階段室を挟んで両側に五戸ずつが縦に並びます。広さは約六〇㎡、３ＤＫまたは４ＤＫの理想のマイホームだったのです。

公社のパンフレットには、「国立公園六甲山の表山麓に神戸市が造成中の渦ヶ森団地に建設する渦ヶ森コーポは、南は市東部の街並みと扇の港をのぞみ、遠くには大阪湾、紀州の眺望、清澄な空気と六甲連山の緑に心もなごむことでしょう。その静かな恵まれた環境は、近郊に類のない住宅地です」とあります。これは誇大広告ではありません。三〇年経っても同じように、わが再建マンションの広告パンフレットには、「ここでの暮らしは、神戸そのもの。街、望む、ディセット渦が森。大好きな神戸」とうたわれているのです。

余談ですが、すでに混乱していることにお気づきでしょうか？　渦森山を削って渦ヶ森団地という時点で引っかかり、建物は渦ヶ森コーポ、団地内にある小学校は渦が森小学校、渦森台保育所に、私立渦が森幼稚園……、団地の入り口には元神戸市長の揮毫になる、「うずもり台」の石碑まであります。唯一「渦が森台」という呼称だけがどこにも現れないのは、やはり発音しにくいからでしょうか。どうしてこんなことになったのか、正確に回答をくれる人はいません。これが急ごしらえの街の悲しさかもしれませんが、筆者は、渦森や渦ヶ森より渦が森という名前が好きです。六甲山の複雑な尾根地形のために、初冬にはものすごい北風が「渦のように舞う森」という原地名は、ちょっと素敵です。

　筆者の感傷はさておき、この書き物の中での混乱は避けたいので、今後はすべて「渦が森」というところにある「渦森団地」と呼ぶことにします。

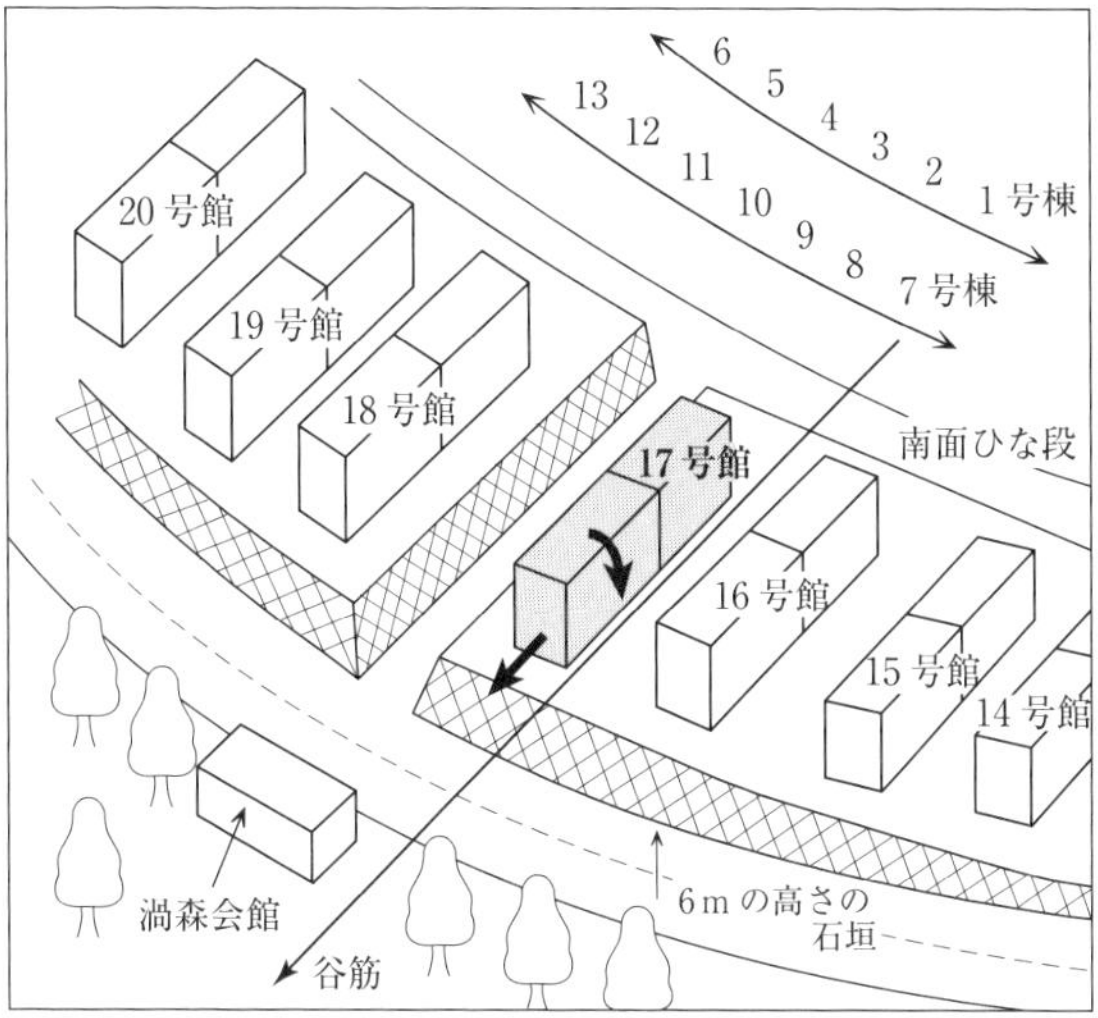

団地内の位置関係．黒い太矢印が地震で17号館にかかった力

自主管理のすばらしさとコミュニティの芽

渦森団地は、初年度は一回(五五〇戸)、次年度は二回(二五〇戸と一三〇戸)分譲され、一九七二年に入居が始まっています。最初の分譲抽選倍率は一・六倍でしたが、次は九・七倍、最も南面の建物を含む三回目は、何と三〇・六倍です。まさに時代は、このような居住環境を待っていたのです。

住宅供給公社のパンフレットには、「ご了解を得る事項」として、共同管理を指定しています。「共用部分の維持管理」として、建物の区分所有等に関する法律(区分所有法)にしたがって、管理組合の設立と管理規約の制定を要求しているのです。

マンションの管理にもいくつかの種類があることは、今や常識です。管理会社に任せるやり方が一般的でしょう。そしてその管理会社は、たいてい分譲会社や建設会社とつながっている。つまり、マンションの売り手は継続的に収入を得られるようにしているわけです。管理人が常駐したり、昼間だけいたり、一部管理組合(居住者)が維持管理をしたりと、バリエーションはさまざまです。

これに対して当団地は「自主管理」という、マンション住民自らがすべてをメンテナンスしてゆくというやり方でスタートしました。もっとも、戸建て住宅ではこれは当たり前の話です。自分の家は自分で面倒見るという考え方が、当団地の誕生当初からの伝統なのです。これは、建替えのような危機的問題に対しては、ものすごく大きな武器となりました。

しかし、大きな期待とちょっとした優越感を持ってやってきた最初のマンション住民たちに、どれほどの自覚があったかはわかりません。ただ、少なくともわが17号館には、当時かなり自治意識の高い人たちが入居したことは、長老たちの話で聞いていました。連合自治会の立ち上げなど、新しい街を自分たちで作ってゆくという、フロンティア精神があったのかもしれません。

当団地住民全員が加盟する連合自治会というのは、独立した各棟の管理組合にはできない地域活動を担っています。管理組合にそぐわないことを自治会でという発想です。当時これを立ち上げた大先輩たちには感謝するばかりですが、その後入居者が入れ替わるにつけ、自治会組織は管理組合との境がなくなってしまいました。もちろん、連合自治会には各棟の連絡組織という側面もあり、立派に存続して地域活動に取り組んでいることは、書き留めておかねばなりません。

老人の街へまっしぐら――核家族しか住めないインフラの限界

当団地の間取りは、3DKか4DKです。これは、食べるところ・テレビを見るところの他は、部屋が二つか三つということを意味します。すなわち、夫婦の部屋を一つ取れば、子供部屋は一つか二つです。小さい頃は二段ベッド、大きくなれば一人一部屋というストーリーは、今も昔もあまり変わらないと思いますが、子供が三人以上いたり、何かの都合で物置き部屋が必要になったら、この間取りは間違いなく破綻します。

書斎が無いとか狭いとかいう話は抜きにしても、どう転んでもおじいちゃんやおばあちゃんの部屋はありません。当初、入居者の多くは、おじいちゃんやおばあちゃんの呪縛から逃れてきた人たちだった

建替え前の建物外観

から、文句も出ませんでした。むしろ歓迎だったでしょう。でも自分たちもやがて老いてゆくことは、考えもしなかったのかもしれません。基本的に大人二世代の居住は難しく、ましてや子供を含む三世代は不可能です。二世帯住宅なんていう発想からは、最も遠いところに位置する間取りでした。

設備にしても、スロップシンクが無いと文句を言う人はいないでしょうが、水周りを中心に老朽化が激しいと言えます。時代の暮らし方を映すこれらのインフラを非難するのはあたりませんが、問題は、これらを変更したりリフォームするのが極めて困難だということです。電源容量しかり、給湯設備しかり。エアコンの室外機についても設置は難しく、窓用エアコンくらいしか取り付けられないのです。

ここで大切なことは、当団地の現状が、日本全国の同世代のマンションにおいても、ほとんどぴったりあてはまるということです。このことは、最後までこの書き物を貫く考え方の軸となりますので、意識のうちに置いていただきたいと思います。

当団地は五階建ですが、エレベータはありません。六階以上ならエレベータがあるはずなのに……とは、古くからの居住者の苦渋の弁。かつて彼らは、入居時にエレベータの必要性を真剣に考えたでしょうか。働き盛りが勇躍入居した白亜のマンションは、彼らと共に老化し、現在を迎えています。衰えたら出るしかありません。階段で五階まで昇るのは無理です。建設時に、マンションは腰掛だからみんなやがて戸建へ向かって出てゆくだろう、居住者の年齢はいい具合にローテーションされるから上がらないだろう、と考えた三〇年前の計画者を批判することはできません。若きエリートたちは、やがて老人専用マンションや老人ホームへ吐き出されてゆくしかないのです。核家族の弊害が出てくるのは、この言葉が生まれてから二世代以上先、つまりこれからです。

核家族という暮らし方や住まい方を全部否定するわけではありません。筆者も、田舎の長男でありながら核家族の道を選び、地震の時には「家を継がないから地震に遭ったんだ」と、親戚から言われました。我が家における世代の引継ぎの問題にも、回答は出ていません。同様に、当団地においてもうまい世代交代ができているとは思えないのです。

自然環境の良さは不便な暮らしの裏返し

当地ほど不便な場所は無いと、若いやつらは嘆きます。最近になって、唯一の公的交通手段である神戸市バスの「上がってくる」最終便が一五分ほど遅くなりましたが、つい先日までは二二時を過ぎたら終バスでした。朝は朝で、「下りてゆく」始バスは六時半です。

筆者を含む普通のサラリーマンで、必ず終バスより早く帰れる人は少ないでしょう。ましてや生活リズムの不規則な学生などにとっては、この交通環境は致命傷です。終バスの後はタクシーしかありません。以前は駅で行列してタクシーを待ったものですが、今は景気に反比例して爆発的にタクシーの台数が増え、待ち時間ゼロになったので、随分交通の便がよくなったと評価すべきでしょうか。

その分、三〇年前同様自然環境は抜群です。筆者は終バス後の帰宅が多いため、スクーターで最寄り駅まで下りています。深夜上って来るとき、必ずある地点から空気が変わります。夏は突然涼しい空気が顔に当たるようになり、冬は道端に雪が現れ、神戸のチベットを実感させてくれるのです。季節の移ろいはしっかりと実感できますし、これほど市街地に近い場所としては、空気も良好です。イノシシの闊歩やイタチが地下駐車場に迷い込むのも、あえて良しとしましょう。

これらの原因は、時代は変わっても標高差が変わらないことです。横方向への市街の広がりはアメーバ的アナログですが、縦方向はまさに等高線的デジタルです。つまり、地勢による環境変化が薄まりにくいのです。

でも、こんな感傷は若いやつらには通用しません。当地には、コンビニもゲームセンターもありません。最も近くのコンビニまで標高差一〇〇m以上、水平距離でも二㎞もあるということは、当団地の子供たちには耐えられないことのようです。年に何度か発生する積雪による陸の孤島化、台風による市バスの運休など、トラブルもしばしば起こります。これに耐えられるのは、行動範囲の広くない高年齢層しかないでしょう。

今はみんな夜行性で、好むと好まざるとに関わらず夜型の暮らしになっているので、最終バスの早さがよけい気になるのかもしれません。小学生が塾名の入ったバッグを背負い、携帯電話をぶら下げて最終バスで上がってくるなんて、最初にこの地に入居した人たちは想像できたでしょうか？　やがて彼らは大きくなり、間違いなく交通の不便を嘆くようになります。一刻も早くこんな場所は出たいと言い始める。今の筆者の家庭が、その状態です。かくして若者に嫌われる渦森団地は、ますます高齢化へと突き進んでゆくのです。

第2章
兵庫県南部地震と直後のわがマンション

エキスパンションジョイント部の被害(右側が傾いている西半分の建物)

あの日までの平和な管理組合運営

あの地震の記憶が消えることはありません。一〇年以上を経た今でも、あの朝ひらひらと雪が舞っていたこと、直後のあたりの異様な静けさ、ガスの異臭と土壁の匂いなど、五感が覚えていること一つ一つは、すべて昨日のことのようです。高台であるが故に、神戸の市街地の状況は、ほとんど手に取るようにわかりましたが、これほどの震災になろうとは、少なくとも当日は想像できませんでした。むしろわれわれは、自分たちの命や建物が無事であったことに、妙に高揚したものです。

地震当時、すでに築後二〇年を超えていた渦森団地は、すべて自主管理が徹底されていました。といっても、わが17号館においては管理上の大きな問題もなく、居住者全員による月二回の共用部の共同清掃や、照明灯具の交換、夏季の散水などが活動の中心でした。せいぜい一〇年に一度の大規模修繕へ向けて、積立金の残高に関心があったくらいでしょうか。つまり平和だったのです。

当団地の建物は東西に長く五階まで上る階段の両側に住戸がある階段室形の構造です。つまり、一つの階段に一〇戸、階段室が五つなら一棟が五〇戸となり、これが管理組合の単位となります。その中で、階段ごとに毎年輪番で理事を出すようにしています。毎日お互いの玄関の前を通る、階段室ごとのコミュニティですが、そこから理事を出すことにより、階段ごとの横のつながりもできるという、なかなか良い方式です。問題点や不満があれば、自分たちの階段理事に言いましょう……というわけです。

しかし、一見理想的な輪番制の階段理事方式では、完全にチームメンバーが固定されます。一〇年ごとに同じメンバーが理事会を構成するので、これは良し悪しです。入居者の出入りでメンバーが変わることもありますが、押しなべて高齢化が進み、理事になれないという人も出始めていました。本当に自主管理が最高かという議論もポツポツとありましたが、ともかくもこの制度が、地震発生時に筆者が管理組合理事長であったという運命をつくります。

筆者は一九八八年夏に入居し、初めての理事が一九九四年に回ってきましたが、この時点ですでに二回の理事経験を持った方もありました。それでも理事会は、やはり素人集団です。管理組合は商売ではない。職場ではえらい管理職も、家に帰ればただのオッサンとして理事を勤めるということです。

この視点をはずすと、管理組合や理事会が会社組織のように見えて、大変ギクシャクしたものになってしまいます。マンション住まいの方には、きっとそんな経験があるのではないでしょうか。「へえ、うちのマンションにはこんな人がいるんだ！」と、年に一度の管理組合総会で、異様に活躍したりかき回したりする特定の居住者たちを、まぶしく見たことはありませんか？　幸いわれわれの中にはそのようなトラブルも無く、素人の寄り合い所帯として穏やかに運営されていました。

ここでひとつ特記しておくことがあります。それは一九八九年の地下駐車場建設ということです。17号館は、たまたま敷地北面が法面《のりめん》となっており、そこを掘り込み式の地下駐車場にしたのです。渦森団地二〇棟の中でこんなことができるのは立地的に当館くらいですが、一八台分の地下駐車場設備そのものより、その確固たる建設理念と居住者の結束が注目に値します。路上駐車をしないという目標のもと、

掘り込み式の地下駐車場

一戸について必ず一台の駐車場を確保する、自動車を持たない居住者はこれを倉庫に使っても良いという考え方をまとめあげ、それを実行してしまうという力が、わがマンションにはあったのです。

前年理事からの引継ぎとじゃんけんによる理事長就任

さて、当時三五歳の筆者にも容赦なく理事は回ってきました。しがないエンジニアの筆者が、マンション管理や地域活動のノウハウなどを持っているはずがありません。家は深夜帰って寝るだけのもの、以前住んでいた2Kの賃貸アパートより広くなってよかったね……くらいの想いしか、マンションにはありませんでした。

分譲当初からの多くの居住者にとって、筆者はやはり新参者。同じ階段室の九軒のお宅に住む方々を知ってはいましたが、どんなレベルのお付き合いであったかは、いささか自信がありません。月に二回の共用部清掃も家内にまかせっきりでした。こんな無思想無批判なマンションの一次取得者を、古参の方々はどう見ていたのでしょう。自らが新しい入居者を迎える側になって、大変複雑な想いがあります。

さて筆者は前年理事会が発足した定期総会の議長に指名され、この時点から、管理組合やその理事会にようやく目が向くようになりました。理事長のS・Hさん、連合自治会とのパイプ役となる副理事長のO・Yさんをはじめ、自分たちの住まいについて一家言を持った方と接して、筆者は、突然次々と新しい世界が見えてきたような気がします。

17号館の不文律として、翌年の理事チームの中から総会の議長を選ぶことになっています。翌年理事に就く前に、ちゃんと当年の活動を見ておけよ、という狙いなのです。筆者が議長に指名されたのは、入居わずか五年にもかかわらず、ご主人が長期出張中だったO・Tさんに続いてチームの中で二番目に古株というだけの理由でした。

一九九四年にいよいよ理事に就任したわがチームですが、もっとも先輩であるO・Tさんは、経験を活かして会計理事、転居して一年も経たなかったE・Kさんは、駐車場の管理などを担当する設備理事に就きました。これまた入居間もない女性のN・Kさんは、業務理事。残るM・Hさんと筆者が争うのは、連合自治会に17号館代表として出て、地域とのパイプ役となる副理事長と、理事長です。じゃんけんに負けて筆者が理事長になりましたが、後悔(?)はありませんでした。M・Hさんが就いた副理事長のほうが、よっぽど重要なポストに思えました。

こんな調子でしたから、神戸市住宅供給公社に大規模修繕に備えた外壁診断も申し込んで、もう十分な理事会活動をやったと思っていました。ひとつトラブルがあったとすれば、敷地内にある住戸表示板のガラスが何者かに破壊されたこと。これは大変なことだと思いました。保険で対応できましたが他の理事会の三倍くらい仕事をしたと、すっかり有頂天になっていました。

管理組合運営の年度は三月までなので、年が変わるころから理事会の引継ぎに入ります。筆者たちも次年度理事チームへの引継ぎスケジュールを作成したところで、あの日が訪れました。

すべてが想定外の大地震――頭は真っ白でもまず家族を守ること

地震後少なくとも三〇分は、管理組合も理事会も頭にありませんでした。まず体が動いたのは、隣で寝ていた小学生の娘の上にかぶさること。頭上の針箱からは、針が降ってきました。隣室で寝ていた息子には動くなと叫びましたが、家具や本の山をかき分けて筆者が彼の元へ到達するまでの二分間ほどの恐怖は、おそらく彼自身にしかわからないでしょう。筆者も家内も眼鏡がなければ出歩けないほどの近視ですが、眼鏡が無傷だったのは奇跡でした。自動車や家の鍵などの束が、一mもずれた上に扉のあいた冷蔵庫にくっついたマグネットのフックで揺れていたのも幸運でした。

ファンヒータの上に子供を立たせ、パジャマの上に服を重ね着させた頃、ようやく筆者の足から血が出ているのがわかりました。何かで切ったそんな傷など、その後どうなったのかも忘れました。もうそのころには、周囲は何の音もしなくなっていました。閉じ込め・火災・崩壊を警戒して外に出ましたが、人の気配はありませんでした。もちろんまだ夜明け前の暗さです。建物の崩壊は無いであろうことはすぐに確信できたので、自分の車に子供たちを乗せて避難所にしました。

ここで突然、17号館全体のことに頭が切り替わり、筆者は理事長に戻りました。あとで考えると、当日はかなりおかしな発想や行動が多かったのですが、五つの階段を駆け上がり、各一〇軒全部に声をかけて回ったのです。扉が開いた家もあり、中から声だけ聞こえる家もありましたが、とにかく、死亡者や重傷者が無いことは、直接自分自身で把握できました。

子供たちがいた車に、一階のN・Tさんが一緒に乗り込んでくれ、共にラジオを聞いていたのが記憶に残っています。二階のI・Yさんは、スクーターで「下界」を偵察に行き、落下した高架橋、路上で布団に包まった被災者の様子を伝えてくれました。この頃ようやく人が動き始め、敷地内の被害も見えてきました。まだ建物が傾いているという自覚はなかったのですが、駐車場の三〇㎝にもなる陥没や排水管の周囲の破壊には驚きました。それでも、皆まだハイでした。助かってよかったという気持ちがそうさせていました。見下ろす街から立ち上る煙を見ながら、その下で消えてゆく多くの命には想いが到りませんでした。

さて、繰り返す余震に怯えながらも周囲の状況を確かめに出ることにしました。もう、地震から一時間以上経っていた頃です。悲惨なのはすぐ近くの14号館。ガスの匂いと非常ベルの音が被害の大きさを知らせていました。建物全体が捩れながら傾いており、建物のうめき声が聞こえるようでした。当館北側の18号館の石垣にも亀裂が入り、崩壊の恐怖を覚えました。西側のバス道路にも、車が走れないほどの陥没がありました。その他の棟に目立った被害が無かったのは、不思議でした。

そろそろ、あのヘリコプターの爆音が聞こえる時刻になっていました。遠くで消防車か救急車のサイレンの音も聞こえていましたが、ヘリコプターに比べれば、蚊の鳴く音にも及びませんでした。

とにかく破壊して散乱した家財の片付けをはじめましたが、非常用の持ち出し袋も取り出せなければ意味がありません。取り出しやすいところに置いていたものほど、こっぴどく壊れるか、家財に埋もれて取り出せなくなりました。押入れの奥にあったものほどきちんと残っていたのは、本当に皮肉なことです。

自分たちの家を守るために動き出す

管理組合理事長として、地震の瞬間にすることはありませんでした。あったかもしれませんが、わかりませんでした。これを責められれば甘んじて受けます。区分所有法や管理規約にうたわれる管理者たる理事長って……と考えます。「管理組合の業務を統括し、議決された事項を遂行する」そうですが、そんなことは平時にしか通用しないこと。管理組合理事長はもとより、今回の地震ですべての都市機能とその中にうごめく組織が、異例の判断を要求されました。

やはり全天候型・即断即決型の人材はいるものです。今回も、多くのヒーローが生まれました。数々の英断を下した日銀の神戸支店長さん、お店を開放した商店主さん、邸内の井戸水を分けた暴力団の組長さん、少し落ち着いてからは、お風呂屋さんからボランティアの人たちまで、多くの人たちの判断と行動が被災者を助けました。それと同じことを輪番制理事長に期待するのは酷でしょうが、かく言う筆者にも「これはいかん、何とかしなければ」という信念だけは生まれました。当日夕刻、奇跡的にも電気の供給が復活し、普段、自宅から見える神戸の街の凄惨な状況をテレビで見ることになり、想いは高揚してゆきました。

その後の交渉の場で、「あんたらお役所やろ!」と何度か声を荒げたことを覚えています。でも、緊急時の住民の安全と衣食住の確保はお互いでやるしかないのです。区役所も市役所も県も国もありません。家族の次に近いのは隣人しかないのです。

電気が復旧したので、地震直後とっさにバケツや鍋に溜めておいた水でご飯を炊き、おにぎりを作りました。二回も炊いてご近所と一緒に食べたおにぎりの味は、忘れられません。長かった一日は、余震の中でようやく暮れようとしていました。何人かの居住者は、安全を考えて渦が森小学校への避難を選択しました。しかし、そのころ小学校は一〇〇〇人をはるかに超える超満員状態だったので、ほとんどの人たちは自宅に籠城することにしました。自分の家にいられるのはやはりありがたいことでしたが、後になって「避難所生活さえ必要なかったわれわれが、なぜ建替えなければならないのか」という論点を生みました。

地震翌日以降のことも書いておきましょう。余震がやってくる気配、つまり遠くから迫ってくる地鳴りが肌で感じられるようになった当日の夜を経て、ヘリコプターの音で翌朝が明けました。他の理事会メンバーも動き始めました。仕事柄、自宅に帰ることすらできなかった設備理事のE・Kさんは、後でものすごい力を出します。

会計理事のO・Tさんは、救援物資の受け取り・整理・配布を一手に引き受けました。業務理事のN・Kさんも同様です。古参の居住者から心配された新入り中心の理事チームは、すでに地震に立ち向かうタスクフォースとなっていました。管理組合規約に規定もなく、何の見返りもないのに突き動かされていたのはどうしてでしょう。やはり自分たちの家と暮らしを守るという、強い想いがあったのではないでしょうか。自分たちの家というのはもちろん五〇世帯の住むわがマンション全体という意味です。弱体と思われていた理事チームは、地震後二日ほどで、おそらく最強理事チームに成長しました。

ちなみに、筆者は大阪に通勤していました。サラリーマンなので緊急時の安否報告をする義務があったのでしょうが、そんなことは思い浮かびませんでした。自分の家の周りでやることが、本当に山ほどありました。会社への安否報告が地震翌日になり、もっとも長く消息がわからなかった社員として、出社後随分叱られました。

各家庭の電話はほとんどだめになり、唯一接続の可能性が高かった当館西にある集会所「渦森会館」の緑電話に多くの人が列を作りました。子供たちが大事に貯めていた一〇円玉を、緊急用としてすべて取り上げたのですが、それを使う会社への安否報告は一〇円玉より軽いものとなってしまいました。

地震当日、不安でいっぱいの家族と滅茶苦茶になった家を残して、必死の思いで職場に赴いた、勇気と責任感に溢れた多くの人たちのことは、伝えられているとおりですが、やはり基本は家庭です。会社へ逃げていった人も多くあったと聞きますが、これはダメです。公共の仕事や避けられない仕事を除いて、勤め人の男たちは(女たちも)、非常時こそ暮らしの場で力を発揮すべきではないでしょうか。自分の職業に対する責任は自分が一番わかっているはずです。自分自身に対する英断が必要でしょう。地震後休みまくった筆者が、職場でずいぶん肩身の狭い思いをしたのは事実ではありますが。

一人一人へのダメージと、皆のためにできることはさまざま

筆者には一つ負い目があります。一月二〇日から一週間、我が家は全員筆者の実家に疎開しました。理事長の経験者でもあり、最古参で居住者の信望も厚いT・Nさんに理事長の職務はお願いし、理事会のメンバーにもお詫びとお願いをしました。もちろん、管理規約にこんな時の対応は書いてありません。緊急の処置事項が一段落し、長期戦に備えての兵站の確保、そして何よりも、子供たちへのケアを考えての決断です。この一時疎開が、その後の筆者の活動に大きなドライブをかけたのは事実です。もっとも、疎開先にはすぐ居辛くなり、余震が来ても良いという子供たち自身の意向で神戸に戻ってきました。多くの疎開者もそうであったと思います。水もガスもない傾いた17号館こそが我が家だったのです。

「緊急自動車」のステッカーを、疎開先の警察署で発行してもらい、緊急物資運搬車の巨大な張り紙もリアウィンドウに施しました。その頃から、疎開したり買出しに出かけた人たちが住民への差し入れを持ち帰ることが多くなりました。いろんな事情で動けない人のため、必要なものを聞いて買出しに行くという行為も、だれ彼となく行われました。筆者は一人暮らしのI・Rさんに頼まれて新鮮な牛乳を何度か入手したことを覚えています。同じ屋根の下に住む家族という意識が、いよいよ成長してきたようです。

地震という天災は、すべての人々に同じように降りかかりましたが、しかし、「震災」は違います。この書き物の中でも、筆者は意識して使い分けています。なぜなら、人によって被害すなわち震災のダ

メージが極端に違うからです。今回も、命を落とすという最大の災厄にあった方は六〇〇〇人を超えますし、統計に載らないその後の不幸な死や、後遺症の残った方々は数え切れません。しかし、ここで言いたいのは、命や身体的なことは別にして、たとえば一〇〇〇万円という額の損害は、人によって重みが違うということです。

筆者は雑損控除を確定申告しましたが、一年で控除しきれず二年にわたって収入がないという扱いになりました。収入二年分の被害を受けたということです。被害額の数字や一人当たりの損害など、いろいろな数値がありますが、被害の重さ、個人にとってのダメージの大きさ、「被害度」とでもいうのでしょうか……そんな統計はありません。被害者それぞれにとっての痛手の大きさなど、一概に定義できるものではないからです。大事なことは、被害を額面だけで評価するのは間違いだということです。一〇〇〇万円の損害が痛手でない人もいるし、一〇〇〇万円の損害が修復できない人もいます。事実、地震で生き残ったのに自ら死を選んだ人たちの負債は、ほとんどが何百万円だったと聞きます。弱い人ほど被害が大きいというのはこのことです。多くの人が同じ屋根の下に暮らすマンションでは、この事実の持つ意味は、極めて大きなものです。

裏を返せば、被災に対してできることも十人十色であるということです。ここでえらそうに経験的ボランティア論を展開するのは止めますが、やれる人がやれることをやれば良いのです。このことには、地震後すぐに気がつきました。長丁場になることはすぐにわかったし、息切れするのは良くないと思いましたが、わがマンションの住民は、そんな若輩理事長の説教を待たずとも動き始めました。実家がある地方の婦人会からものすごい量の救援物資が届いたかと思えば防水用のビニールシートが提供されたり、勤め先からの支援物資がそのまま階段室に出され、皆で分け合うことも多くなりました。旧知の方はもちろんのこと、われわれ新参者もいつの間にか自然にその輪に入っていたような気がします。ご近所という当たり前の暮らしの輪です。

かわらばんと回覧板――自分にできることを考える

筆者にできることは何でしょう。パソコンとプリンタは、どうにか生き残っていました。何より17号館の法的管理者、管理組合理事長です。情報が大事であるということには、すぐ気がつきました。当たり前のことですが、危機的状況でもこれは忘れませんでした。今回は本当の緊急時です。あらゆる正しい情報は、暮らしというより命に関わるくらいの重みを持ちます。大げさではありません。

究極の被災地と何もなかった平常の地は、端から見ると同じだと言います。何の情報もそこから出てこないからです。被災地には発信すべき情報が大量にあるのに発信手段が無く、平常地はその正反対です。あの時パソコン通信が活躍したなどと言われますが、威力を発揮したのは被災地の外回りだと思います。今後、インターネットが大災害時に活躍するのは想像に難くありませんが、やはり本当にダメージを受けた人は利用できないでしょう。いろいろな対応策は講じられてはいますが、インフラとはしょせんそういうものだと見切るべきです。

マスコミの報道にしてもしかり。彼らがアクセスしやすい交通至便な避難所の映像はさんざんテレビを賑わせ、ヘリコプターたちも夜になれば騒音だけを置き土産に帰ってゆきましたが、被災者＝体育館に避難している人たちという認識ができました。被災地から遠い人たちには十分衝撃的だったでしょうが、籠城組のわれわれには、報道による情報だけでは全く不十分でした。

とにかく壁新聞、というか居住者への掲示を始めることにしました。自分が聞いたこと、誰かが知っていることは共有すべきです。自分の頭の中の整理にも役立ちます。自分で印字しては、各階段一階の掲示板に最新の情報を張り出しました。情報の孤島化は絶対避けなければなりません。判断は個人がすべきものですが、情報の共有が大前提であるはずです。

しかし驚いたのは、すでにこの時点で各階段にたくさんの独自の張り紙があったことです。洗濯やトイレもままならず、籠城状態のマンション住民にとって「生理用品あります」という張り紙の重さは計り知れません。張り出した人の厚意と受ける人の勇気は、もう完全に運命共同体です。

筆者は理事会の立場で、被害調査報告や居住者向けの被害説明会の資料をはじめ、毎日のように「震災関連情報について」という掲示を作ってゆきました。また、それらをあえて手渡しの回覧としました。かわらばんとしての掲示や回覧は、やがて復旧委員会が発足したときの「復旧委員会だより」に引き継がれることになります。

わがマンションの被害——地盤が動いた!

構造的に全壊した14号館以外は、渦森団地の被害は、谷筋の下流側に面した西端の列に集中していました。もちろん、すべての住戸の食器が壊れ家具が転倒したことは大前提なので、ここでは特記しません。敷地西面が石垣である16・17号館を中心に、石垣下のバス道路にも地割れや陥没の被害が顕著でした。数メートルもの高さの石垣が大きく膨らんで張り出し、各所でひび割れが発生していました。これは建物被害というより、地盤（すなわち土木分野）の被害です（5頁の図を参照）。

構内道路が20㎝以上陥没

その後の調査で詳細は明らかになりますが、16号館と17号館の間がちょうど原地形の谷筋の中心線で、盛り土で造成してあり、団地西側にはまるでダムのような土留め堰堤があったのです。団地の開発時に造られた、その巨大な堰堤の上半分が下流すなわち西側に向かって大きく飛び出していました。これではせき止められていた盛り土が下流へ向かって動くのは当然です。その後この堰堤を含む盛り土部分全体は、アースアンカーという細い杭を原形地盤まで多数打ち込んで、今風の土留め補強を受けることになります。

渦森団地は大方が切り土です。埋め立て用土砂採取の跡地ですから当然です。でも山にも都合があり、必

駐車場地面に入った亀裂

ず谷筋はあります。古地図も調べましたが、かなり深い谷がありました。それが17号館の被害の主因と思われます。他の棟は、少なくとも傾いたり移動することはありませんでしたから。

団地の各棟は同一の構造ですが、建物は二分割されています。羊羹みたいな建物形状ですが、細長いままより真ん中で二分割したほうが捩れに強く、壊れにくくなります。切り口をエキスパンションジョイントと言いますが、各棟ともこの部分の破損はかなりありました。すなわち、二個の羊羹が別々に揺れたわけです。しかし、17号館は特別でした。西半分は完全に盛り土でしたが、東半分は切り土の部分に乗っかっていたのです。揺れ方はエキスパンションをはさんで大きく異なり、見た人はいませんが、東西の建物がぶつかり合ったようです。これは屋上の破壊状況を見てすぐわかりました。この結果、わがマンションの西半分は下流方向へ移動しながら傾くという、複雑で大きな被害を受けていたのです。本来動くはずの無い地盤が動いて、その上の建物も動いたということです。本当に地震の力とは恐ろしいものです。

命を守ってくれた築二〇年の頑丈な建物の功罪

悲しい例外であった14号館以外、渦森団地のすべての建物は倒壊しませんでした。理由は建物の構造です。それは、「鉄筋コンクリート壁式構造」と呼ばれるもので、最近の大規模マンションではあまり採用されない方式です。柱ではなく、鉄筋を中にしたコンクリート壁がすべて構造壁となって建物を支え、地震のような大きな外力が加わっても、建物全体で均一にそれを受け止めて踏ん張るわけです。壁がすべて分厚くて、リフォームにも多くの制限がある壁構造こそが、サイコロを積み重ねたような強固なウサギ小屋として、われわれを守ってくれたのです。

一方、同じ鉄筋コンクリート造りでも、柱を中心に構造を組み立て荷重は柱が受け持つ「ラーメン構造」では、地震の力が集中した柱が破壊すると、周囲の壁は荷重に耐え切れないのでひとたまりもない……という被害パターンが多かったようです。しかし、ラーメン構造の弁護をするなら、この構造そのものが悪なのではなく、どのように余裕を持って設計し、どのようにきちんと施工するかが問題なのです。ちなみにわれわれの再建マンションは、「鉄筋コンクリートラーメン構造」です。

とにかくわがマンションは、建物としての壊滅的な被害はなさそうでした。でも別の言い方をすると、被害は中途半端でした。もちろん、倒壊を望んで言っているわけではありませんが、住み続けながら被害への対応を検討してゆくことは、腰を落ち着けて慎重に考えることができる反面、スピードが格段に落ちます。一方、地震がみんなに均等に降りかかったように、時間も均等に流れてゆきますから、モタモタしていると、流れに置いてゆかれることになります。あの地震と被害そのものが、三月に東京で起こったオウム真理教事件によって忘れ去られたように。

もうひとつ大切なことですが、国の個人補償への考え方ではありませんが、わがマンションにおいても個人被害についての議論はあまり出ませんでした。個人の被害が一番切実で、住戸も個人財産です。しかし、全員がほとんど例外なく、食器などのすべての割れ物と家財を破壊されていたので、目は自然と共有部に向きました。壊れたものの損害は、命が助かったことで相殺されていました。あまりに被害が大きいとそうなるようです。でも、これは大事なことです。人にわからない自分の家だけの被害をみんなで議論するのは、大変難しい。一方、みんなが見える部分の被害をどうするか議論するのは、比較的やりやすい。しかし、ことが建替え事業に発展したときには、リフォーム直後の被災であった、などという本当に個人特有の被害について、どう配慮するかという問題が巻き起こることになりました。

車の出入りができないほど段差ができた駐車場や、排水が逆流するほど勾配が変わってしまった下水管はもちろんのこと、建物の中ほどにあるエキスパンションの破壊や無数のクラックなど、すぐわかる被害さえ挙げればきりがありません。それらはすぐに居住者の意識に入り込み、修復するんだという方向に全員の目が向きました。

初期対応、まずは事業者・建設者へのコンタクトから

被害状況の正確な把握と恒久的対応の検討のために、素人集団の理事会がまず考えたことは、ここを

造ったところの見解を得ることです。渦森団地の事業主体は神戸市住宅供給公社です。大被害を受けた三宮センタービルに居た担当者は、「基本的には分譲したものなので、問題は住民が解決してくれ」というスタンスでしたが、応急的に外観検査をして、初めて定量的な評価を出してくれました。建物が一・五度傾いているというのです。この建物を実際に建設したT工業に依頼した調査の結果でも、建物本体の傾斜が追認されました。機材を使った詳細調査では、西側バス道路の陥没とリンクして、敷地西側の地盤そのものが二〇cmほど沈んでいることもわかりました。

適切な専門家を呼ぶことは重要で、理事会の仕事でしょうが、もっと大事なことは、これを居住者全員に広報し、調査そのものをみんなで見守ることです。見逃しや聞き逃しも防げるし、立場の違う人が同じものを見るということは、大変大事なことです。「理事会がしっかりせんかい」という声も出ていましたが、これを逆手にとって、「皆さんも一緒に助けてください」というスタンスを、最後まで崩しませんでした。だから、調査に対する疑問や異論もほとんど出ることはありませんでした。

この地震では、マンションをはじめ多くの被災建物が解体されすぎた、という指摘があります。特に市街地の大手ゼネコンが施工したビルに、そういうケースがあったとも聞きます。徹底的に被害状況と原因を調査して、最良の手当てをするのが責任というものでしょうが、どうも解体を急いでいるように見えました。大手ゼネコンが、早々に自社の施工欠陥を認めて費用を負担し、まるで見られては困るものを捨て去るように、被災したビルを建替えてしまったといううわさも聞きました。

逆にわがマンションのように、とにかく崩壊も転倒もしていない建物に対しては、ゼネコンも妙に対応に腰が引けていたのかもしれません。T工業も多忙であったとはいえ、あまり積極的ではありませんでした。ゼネコンにとって建替えは簡単ですが、補修の検討については無限の可能性と方法論がありま す。どれが最適かという結論を出すことにも時間がかかるし、補修の結果得られる所期性能を技術的に保証するのも難しいからでしょうか。

最優先は情報の共有――居住者への説明会の開催

緊急の調査からは、画期的な情報は得られませんでしたが、住民全体にどんよりした気分を与えるには十分でした。二月に入って被害状況説明会を実施し、建物が傾いていること・倒壊の危険は無いこと・石垣の膨らみに注意すること・敷地内地盤の動きに注意することなど、住宅供給公社とT工業の見立てを伝えました。

ライフラインの復旧についても、次のように報告しました。神戸市水道局の通水テストで埋設水道管から大量の漏水があったこと。仕方が無いので本管から直接配管を分岐して、仮設の水道栓を設置したこと。排水管は埋設水道管と併せて修理すること。ガスは危険なので、テストに際しても皆で注意してゆくこと。

他にも伝えたことはたくさんあります。バス道路が破壊されているので、市バスが団地内道路を通ること、神戸市が実施する危険度判定はいつになるかわからないこと、罹災証明の申請は各戸で対応して欲しいこと。いずれも本当に暮らしに直結する重要なことばかりです。T工業に補修内容と費用の検討

コラム

緊急時のライフライン——何が一番大事か

被災時のライフラインの重要性を経験的にまとめます．幸い火災被害が無かったので，多少甘い考えであるかもしれません．

当日夕刻回復した電気は，本当にありがたかった．お腹は膨れませんが，情報を得られるという意味で，電気が一番大切かもしれません．大規模な都市災害では，1～2日耐えることができれば，必ず救援の手が入ると言われています．あらゆる意味での「孤立」が最も怖いということです．

次は水道とガスです．早々にガスは春まであきらめました．カセットコンロ等の代替品があったので，ライフラインとしては個人で何とかなりました．もちろん，風呂や出来立ての暖かいおかずなど，想定外のぜいたくです．

やはり水が欲しい．当日は，地震直後のとっさの汲み置きで対応できましたが，その後は給水車への列であったことは，ご存知のとおりです．しかし，何時何分にどこでどれくらいの給水が行われるという情報は，ほとんどありませんでした．ここでも情報が大事です．

飲料用の他に，トイレや洗濯などにも水は必要です．近くを流れる住吉川に洗濯に出かけたり(もちろん洗剤など使えません)，皿を洗った水をトイレに鍋で少しずつ流したりしていました．もっともトイレについては，共用排水管が地盤沈下により逆勾配となっていたので，紙等はビニール袋に溜めることになり，大量の水は必要ありませんでした．しかし，敷地内に仮設水栓ができた時には，ライフラインの要件とはいつでも好きなだけ使えることだと，心底理解しました．

また，ライフライン復旧のポイントは，近隣との共闘です．応急補修をはじめ，被害調査などもお隣の16号館と共同で実施することが多くありました．業者にしてもこれはありがたいことです．何度も現場を往復せずに，一度で二件の仕事ができる，重機などについては移動・運搬コストが削減できる，足場などの共通資材も使い回せる……などメリットは数多くあります．われわれ住民にとって何よりありがたいのは，業者の動きがよくなる上，値段が下がるということです．

こういう知恵が必要です．ちょっとした工夫で随分と結果は異なったものになるはずです．ライフラインの復旧は供給者に左右されますが，やはり需要者の対応が最も大切だと思います．否，もっと重要なのは，ライフラインを縫い合わせる「情報」という究極のライフラインでしょう．

依頼をしていること、石垣の補修については、西側バス道路を管轄する神戸市東部土木事務所と調整してゆくことも伝えました。

きまりを踏み外してはいけませんから一生懸命考えましたが、常にきまりと行動を照合確認してから動くほど余裕はなかったので、周囲には強引と思われたりいい加減と思われたりしたでしょう。説明会当日に配布したA４用紙二枚の書き物の最後には、理事会と筆者の本音を、次のように書き添えました。

①各種手続きは、臨時または定例総会にお諮りする予定ですが、緊急のものについては書面決議等を考えています。ご協力ください。

②緊急事態のため理事会が十分機能していません。皆さんの知恵と力をお寄せください。

必ず書いたものを残す。自分の仕事においてもずっと心がけていたことです。しかし、早く正確にありのままを残すということは、どんなに重要で難しいか。これがきちんとできれば、情報の発信者への信頼度は格段に上がるはずです。

その後も説明が十分でないとのお叱りはありました。そうかもしれません。みんな初めてのことに手探り状態でした。情報不足、説明不足ということについては、今回の震災復旧をめぐって、ほとんどすべてのマンション管理組合理事会や再建委員会の役員さんは、多かれ少なかれ苦言を呈されたことでしょう。それでも、きちんと発信した情報が書き物で残っていれば、再び説明ができるのです。

そもそも、情報というものは出す側と受ける側のスタンスが違うので、特に緊急時には齟齬が生じます。出す側がこんなに一生懸命集めたと思っている情報も、受ける側はこれだけしか無いのか、ということになります。同じ大きさのものでも、大きいと見るか小さいと見るか、見る人によって尺度が違うのです。地震の被害も同じであることは先に書きました。この緊急時に、情報の吟味や取捨選択をする余裕は、理事会にはありませんでした。それはかえって、よかったことかもしれません。早く・ありのままというのは、理事会の合言葉になっていました。

筆者はひげを伸ばし始め、出歩くときはドカジャン（建設現場用の防寒服）スタイルになりました。本当に人間っておもしろいものです。災害のたびにこんな格好の人が現れます。まさか、自分がそんな人になるとは……。

「半壊認定」と、被害調査――住民の判断材料の確保

最も頻繁に通うことになった行政機関は、やはり最も身近な神戸市東灘区役所です。筆者にはスクーターという足があったので、ことさら頻繁に出かけました。行ける人が行って、情報を集めてくるという持論の実践です。

二月半ばには、行政としての17号館への認識を確認しに行きましたが、「一部損壊」という見解でした。とてもそうは思えませんでしたが、確かに遠くから見ただけでは建物の傾きや地盤の沈降はわからないでしょう。役所の決めることだから仕方ないとも思いましたが、複雑でした。

本来マンションなどには、その資産価値を維持するという観点から、できるだけ被害を少なめに評価するという考え方があります。確かに変なレッテルが貼られるとマンション価格が下がって損をすると

いう、住民もくみする論理ですが、地盤が動いて傾いているマンションを、何もなかったかのように売買することこそおかしいはずです。マンションの欠陥が判明した時など、「表沙汰にすると売れなくなる」と威しにも使われる、おかしな論理です。

もうひとつわかったことは、罹災証明の発行は世帯単位なので、被害状況の説明によっては、そのマンションの他の世帯の評価に影響するということ。建物ごとに調査して、建物単位で評価したほうが行政も楽だと思うのですが、それは素人考え。罹災証明が不要な世帯もあるので、マンション全体として被災度を決めることはできないとか。

二月下旬には、九戸一緒に罹災証明を取得に行きましたが、今度は一部の世帯に「損壊なし」の判定が出るなど、区役所の判断も大混乱でした。再度の詳細調査を強く申し入れ、その結果、わがマンションの全世帯が「半壊」と認定されましたが、一ヶ月近くに及ぶ区役所とのやり取りには本当に消耗しました。それでも、早朝から深夜まで、自分も被災者でありながら対応してくれた担当者には頭が下がります。半壊認定後、缶コーヒーを一箱差し入れとして持って行ったのですが、この担当者は頑として受け取ってくれませんでした。「気持ちだけ受け取る」と言われ、重い箱を持ち帰ったという、何とも苦い思い出もあります。

半壊認定がどういうものかは、時が経つほどに身にしみてきました。当初、いろんな迷いはありましたが、壊れたものは壊れた、だったら直す、と普通に考えた方がよい。一部損壊と半壊の差は思ったより大きく、特に税金の減免等を考えると、半壊であったことは随分ラッキーでした。これは不遜な言い方ですが、一部損壊のままでは何をするにしても多くの障害にぶち当たっていたでしょう。特に金銭面の障害は非常に大きい。住民から「どうして半壊にしたのだ」というような場違いな批判はありませんでした。皆が状況を正しく判断していたからだと思います。

さて、被害状況については、もっと詳しく理解しておく必要があります。戸建てなら対象範囲が小さいので、被害調査自体が比較的簡単ですが、マンションとなるとそうはゆきません。しかも、常日頃から建物や敷地内の状況を事細かく見ている人は多くないので、ますます難しい。一つ追い風があるとすれば、多くの居住者の中に必ず何人かは専門家がいるということです。

でもこれは、やっぱり危険なことでもあると思うのです。どこのマンションでもたいてい建築家や弁護士がいて、復旧の核となって活躍しているという報道がありました。これらの住民専門家に任せることは、他の素人住民の意見が反映されにくくなり、専門家そのものをも必ず追い込みます。よしんばその人が自身の妙案を推し進めたとしても、底の部分でやはり住民全体の事業にはなりにくいと思うのです。一人の専門家より五人の素人の方が良い結果を生むこともあるということは、経験的に自信を持って言えることです。もちろん、必死で活動された住民専門家の方には敬意を表しますが。

実はわがマンションにも専門家はいました。前理事長のS・Hさんは土木専門のエンジニアですし、一級建築士もいます。でも、今、居住者の方に聞いても「へえ、そうだったの」という反応がほとんどでしょう。みんなが、専門家として前へ出ることがなかったからです。引っ込み思案だったわけではなく、あくまで理事会や、やがて登場する復旧委員会に、旗を振らせたのです。

いずれにせよ、客観的かつ定量的な調査を実施することは急務でした。居住者全員への判断材料の提供が必要だからです。被害状況の判断、復旧方法の判断、費用の判断、決めることはたくさんありました。しかし、思い込みや声の大きい人の意見が通るような状況は、絶対に避けなければなりません。

われわれ理事会は、アンケート方式で全戸の被害状況を調査しました。まず全員が自宅の調査をしたわけですが、定量的な被害の測定はやはり困難でした。「地震後、上の階の音が良く聞こえるようになった」とか、「風呂の排水が流れにくくなった」というのは確かに大きな被害なのですが、なかなか客観的な調査報告にはなりません。「ゴルフボールが一定の方向に転がる」というのはかなりショックでしたが。

その点やはりプロは違います。T工業による一月の外観調査に続いて、二月に実施された機材を使っての建物調査で最もショックだったのは、屋上部分(地上一四・八m)で一一〇㎜の傾きが正確に計測されたことです。間違いなくゴルフボールが傾斜方向にころがることが実証されたわけです。しかし、倒壊することはないという所見付きでした。続いて実施された土木の調査では、西側石垣の全面積みなおしの必要性はないという判断で、少しほっとしました。

もっとも心配なのは、建物と地盤の接点である杭です。建物を支えるために打ってある杭は、直径三五〇㎜のコンクリート製で、長いものは一〇mもあります。ややこしいのは、当館付近は谷筋への盛り土であるため、一番山側の切り土部分に乗っかっている東側には杭がなく、西へ行くほど杭は長いのです。合計二四七本もの杭は、たとえて言うなら、生け花に使う剣山を逆にしたようなもの。その上に建物が乗っているのです。杭に異常があれば、その上の建物の安全性は担保されません。ショベルカーを使った試掘調査で、一一本のうち一本に杭頭破壊がありました。これは困りました。一本でも杭の破壊があれば、全部の杭を調査すべきですが、建物の奥の方にある杭など見ようがない。杭がボキボキに折れているわけではないけれど、想定外の力がかかっていることは確かです。垂直方向の力を支える杭に対して地盤は横方向にも動いており、正確にはどんな動きをしているのか、専門家にもわかりませんでした。

あれこれ議論して、構造設計事務所にも検討を依頼したのはずっと後です。杭と建物が、均一にそろりそろりと移動したのなら問題ないのですが、複雑な動きをしているので、杭体は大きな応力を受けています。計算によると、杭に対する曲げの力はその耐力を超えているという結果でした。つまり、杭頭または地中部に破損の可能性があるということです。

実際の杭頭破壊は一本だったので、計算どおりではありません。それなら、全部の杭を調べるしかないという予想どおりの結論でした。建物が乗っている杭（剣山の針）をすべて露出させて検査し、破壊部はきちんと補修しないと、より小さい地震でも大きな被害が発生する可能性があるということです。調査だけで一〇〇〇万円単位の費用がかかるとの予測ですが、実際にそのような大規模な杭調査を実施した前例も無いので、正確な費用もはじけませんでした。

一方、分譲元である神戸市住宅供給公社は、一九九五年の年末に本格的な診断を実施しました。後で詳しく触れますが、これはあくまで外壁を中心とするものです。そのころには、建替え方針が見えてきていましたが、それでもきちんとした調査は重要です。結局、建替えになる建物の診断も、今でも決して捨て金だとは思っていません。

各調査結果の総合的かつ最終的な素人住民の判断が「建替え」でしたが、この経緯と評価については、別項に譲るとして、問題は次々と出てくる調査結果の取り扱いです。これらは、必ずすぐに回覧や全戸配布などで、そのまま公表しました。混乱が生じるのは覚悟の上です。でも、素人理事会が調査結果に論評を加えても意味が無い。ましてや調査結果の取捨選択などもってのほかです。

「この結果をどう解釈したらよいのか」、「結局、補修なのか建替えなのか」などと、混乱の中でどんどん住民の会話が行われました。理事会で咀嚼して判断しろという声もありましたが、みんなで議論することは、むしろ意味があることだと思っています。その中で評価も煮詰まるからです。

次に大切な視点は、もっと通常の感覚で理解をした方が良いということ。いったいいくらの被害なのか、元に戻すのにどれくらいかかるのか、またはひょっとして元に戻らないのか、お金という視点も考慮に入れるわけです。そうするとどれくらい大きな被害かということが見えてきます。

こう考えても、杭頭部分の調査と補修だけはいくらのものかもわかりませんでした。何より不透明だったのは、すべての補修を実施すれば、地震前の状態に戻るのかということです。実際に地盤が動いているのに、この状況でわがマンションを「元に戻す」ことはもう難しいのではないかと、筆者は初めて考えました。

見えないものが見えるようになる――耐震基準と管理規約

地震によって、普段深く考えもしなかったことがたくさん見えてきました。例えば新耐震基準と旧耐震基準。よく言われる建築基準法上の線引きです。確かに基準も生き物ですからどんどん変わってゆくのですが、それならば「昔のものは悪か」という議論になります。「新耐震基準のものは被害がなかった」と言いますが、そうではなくて、きちんと計画・設計・施工されたものは被害がなかったと言うべきです。われわれのマンションが新耐震基準でできていたとしても、あの地盤状況ではやはり大きな被害が出たと思います。地盤そのものから被害が発生しているのですから、建築基準以前の問題です。一方、旧耐震基準で施工されている渦森団地の多くの棟では、大きな被害はありませんでした。

また、基準はあくまで基準で、各々の建物の仕様を表すものではありません。昔よりも最近の方が限界設計が可能となり、コストダウンの風潮もあって、弱い建物が生まれているような気がします。素人がうかつなことを言うべきではありませんが、性能や仕様については、それらに対する思い入れや余裕というものの考え方によって、結果は随分異なってくると思うのです。戦前に出来たＪＲの高架が残っているのに、新幹線の高架が無残に破壊されたことは、決して忘れてはならないと思います。

もうひとつは、どこのマンションにも必ずある管理規約。こんなもの、ふだんは意識することもありません。入居時にきちんと読んで理解し、たまには引っ張り出して読んでみるというようなマンション住民は、ほとんどゼロでしょう。本当はかなりヤバいことが書いてあるので、読者の方には、今すぐ通読されることを強くお勧めします。

ほとんどは、国土交通省の雛形をもとに、分譲会社が作成したものでしょう。区分所有法ではマンションの所有者は管理組合を作ることが謳われていますが、新築マンションに入居してから皆で検討して管理規約を作り上げるなど、聞いたことがありません。共有駐車場の帰属や管理人室の所有など、分譲会社に有利なように変更したものが配布されるのがオチです。これらはしばしば平常時にも紛争の種になり、新聞を賑わせているくらいです。

筆者も管理規約をちゃんと持ってはいましたが、理事長就任にあたって初めてきちんと読んだくらいです。その後は区分所有法とあわせてほとんど暗記してしまいましたが、必要に迫られてのこと。最近ではまた忘却が始まっています。

わが渦森団地の分譲者は神戸市住宅供給公社ですから、各棟とも同じ管理規約で運営されていました。もちろんこれは危機管理マニュアルではないので、非常時の対応や権限委譲について明記されているわけではありません。おおもとの区分所有法自体が、マンションというこれまでに無い住まい方に後付けの形で生まれたと聞いていますから、それも当然のこと。したがって、先にも書きましたが、管理規約によって救われたり活動のガイダンスを得たことは全くありませんでした。管理規約は無いと困るものではありますが、緊急対応には役立たないということも見えてきました。

非常時における管理組合の役割と限界

ここで地震後の管理組合または管理組合理事会の非常時対応について、おさらいしておきます。通常の管理しか想定していない管理組合には、非常時対応は間違いなく無理です。素人集団でもかなりのことができると書きましたが、これは地震を振り返って、17号館のこと、自分のこととして経験的にわかったことです。

実際には、とっさの対応の計画実行、それを踏まえた次へのアクションなどできるはずもないと考えるべきです。残念ながらマンションの管理とはそのようなものでしょう。危機管理などということばが方々で語られるようになったのは、つい最近です。いくらマンション管理士資格ができて、専門家の適切なアドバイスが日頃から受けられる……などと謳い文句を並べても、本質が変わるとも思えません。マンションは、会社組織ではないからです。一つのことに向かって何かやるというものではないのです。暮らしというものはそういうものです。居住者の数だけ考え方があるのに、それを統一して把握し、処理しようというのが無理だと思います。

全員一致で団結するようなことを言ったり、所詮バラバラだと言ったり、筆者が支離滅裂なのではありません。バラバラと一致は共存するのです。このことも体験的に学んだことです。みんな違う考えを持っていることを前提に話を進めなければならない。みんな置かれている状況が違うということを認識して話を進めなければいけない。これが非常時における管理組合への教訓です。

具体的なことで一つ言えることは、現場というものを理解した人がいると、大いに助かるということです。あれほどの地震の現場を踏んだ人はいなくても、事象を客観的に捉える訓練が出来た人がいると違います。われわれのマンションには、幸い現場の考え方を身につけた方が何人もいました。事務屋・

技術屋の違いではなく、文系・理系の差でもなく、机上か現場かの差が議論において決定的な重みの違いを生むのです。現場の考え方、すなわち自分の足で動き自分の五感で確かめることで、管理組合員全員の危機対応能力は上がり、管理組合としての活動の限界も確実に上がるでしょう。

通常の管理組合理事会での対応は無理と断言しましたが、他にマンションという共有建物を守る組織もありません。いくら理屈を並べたところで、理事会メンバーは腹をくくるしかありません。少なくとも諮問委員会でもプロジェクトチームでも、立ち上げるのが理事会の仕事です。その方法や約束事も、管理規約に書いてあるわけがありません。筆者も困りました。輪番制理事でたまたま地震に当たっただけなのに。これは潔くあきらめるしかありません。あきらめきれませんがあきらめることです。

もし救いがあるとすれば、何でもできることです。本当は何もしたくありませんが、やらなければいけない。それなら、縛りの少ない非常時の方が便利です。早く専門組織を作ることです。われわれはそれに気付くまで随分苦労しましたが、今ならこのことを自信を持ってアドバイスすることができます。

たまたま理事長であった筆者が、独断で対応したことも多々あります。おそらく批判もありましょう。それでもいろいろ考えた末にやったことに後悔は全くありませんし、よりよい対応に気付けばその時にやっています。誰かがそれを知っていたならば、発言するのは管理組合員の義務だと思います……などと、大口をたたいてみても、そこは若輩の素人理事長、誰もまともに聞いてはくれないでしょう。やんぬるかな。

最近、あの時筆者が理事長でよかったと思うことがあります。生意気ですが、専門家や人格者が理事長だったら、もっとスムースにことが運んだとは、とても思えないのです。筆者が理事長だったからこそ、見かねて多くの人たちの力が集まったと思うのです。みんなが一生懸命考えて動いたと思うのです。素人住民の力が結集できれば、何だってできます。みんなが自分の家について考えて行動しているのですから。このことを、恒久対策の検討から建替え事業に至るまで、筆者はますます強く感じることになります。

居住者全員に同じ力が加わっても受止め方は違う――マンションの持つポテンシャル

かなりえらそうなことを書き連ねてきましたので、ここでわがマンションの特殊性を整理しながら多くのマンションに共通する普遍性を考えておきたいと思います。

われわれの震災復旧活動は、ある意味恵まれていたと言えます。その一つが持ち家比率の高さです。五〇戸のうち、九割が自分自身の家として居住しているということは、この手のマンションにとっては異例な数字です。普通は、高齢化や戸建てへの移行でかなりの数の賃貸住戸が生まれます。当団地でも、賃貸率が四割に近い棟もあると聞きます。

決して賃借者を悪く言うわけではありませんが、共用設備はもちろん、住戸そのものに対する意識が異なるものです。これは当然のことで、自分の財産ではないものに対して、所有者と同じ意識を持てという方が無理です。一方、大家である所有者も、現実に起居していないマンションのことをあれこれ言われても、まっとうな判断ができるとも思えません。古いマンションほどこの傾向が強く、管理面でま

被災状況下のバーベキュー

とまりがなくなっていると思います。

これに反し、わがマンションではほとんどの所有者が、しかも分譲時の購入者が多く居住しているということは、画期的なことでした。それだけ、ここに愛着があったということでしょうか。このことは、後に「まだ住めるのになぜ取り壊さなければならないのか？」という論理にもなりましたが、少なくとも居住者のほとんどが、自分の住む場所として真剣に復旧策を考えるという、最も重要な部分での力となりました。

先にも書きましたが、もう一つ、渦森団地で当館だけが住戸数の駐車場を、住民自らの手で増設して持っていたという特殊性があります。マンションの駐車場数は行政指導的に決まりますが、必ずしも各戸一区画確保されているわけではありません。そんな中で、地下駐車場を管理組合が建設した当館には、自分たちの住まいに対する極めて高い意識が見て取れます。合意形成までには時間を要し、複数年度にまたがる議論があったと聞きます。この経験は、無意識のうちに共有部に対する関わり方や、利害の違う人たちとの意見調整というノウハウをわがマンションに与えていました。建設業者に対する接し方などのノウハウも蓄積されたでしょう。建替えの仕様検討時に、結構お年を召した方が、筆者より厳しくゼネコンを査定されていたのには驚いたものです。

しかし当然、居住者の世代間の考え方の相違も存在していました。筆者を含めて途中入居の一次取得者層と、当初購入者層の考え方が違うのです。もちろん、当初購入者層の方が、建物というハードウェアへの愛着が強く、一方、途中入居者層は、状況を変えてゆくことへの抵抗は少なく、管理組合運営への関わり方もドライに見えるところがあります。「若い者たちが」という発想と、「年寄りたちは」という認識は、すでに総会などでチラチラとお互いの言葉の端々に見え隠れしていました。ところが、地震後はその逆の現象の方が多かったような気がします。一人暮らしのお年寄りが、こと建替えについては過激なほど積極的であったり、入居間もない若い家族が慎重であったり、おもしろい現象が意外にたくさんありました。

付け加えるなら、わがマンションに限らず、バブル期とその後の住宅取得事情そのものが特殊なのです。筆者が購入した一九八八年にはすでに住宅価格の高騰が始まっており、購入価格は当初の分譲価格の五倍を超えていました。それでも当時は「損をした」とは思いませんでした。何もかもがバブリーで右肩上がりでしたから、ローンも何とかなるだろうと思っていたのです。最後には当初価格の一〇倍を超えて取得した方もありますが、あっという間にバブルは壊れ、この先どうなるかという時に地震に見舞われたのです。

四〇〇〇万円あまりで購入した居住者と、バブル期の購入者に温度差があるのは当然です。筆者も、ローンがほとんどない先輩居住者を、いまだにうらやましいと思います。しかし、その後復旧の推進役となって不眠不休・粉骨砕身で、しかも手弁当でがんばる人たちは、ローンの額の多い順と言っても良いくらいになりました。多額の負債があるからこそ、何とかしたかったということでしょうか。

われわれのマンションにいろいろな特殊性があったとしても、繰り返しますが、重要なことは人それぞれの事情があるということです。ある時突然、このような複雑な事情が白日の下に晒されるのです。われわれのマンションは五〇戸でしたが、それが一〇〇戸を超える大規模被災マンションになると、その複雑さは等比級数的に増加するでしょう。一軒の家の中、ひとつの家族の中でさえ意見の統一ができないものを、足並みをそろえて「さあ建物の復旧」などと言えるわけがないのです。

多くの被災マンションにおいて、復旧費用の大小や正当性でもめ、負担金額そのものの適否が議論されましたが、これらの居住者各々への重みとその違いについて、定量的に議論された例はあまりなかったような気がします。

マンションという一つの大きな器の中に、各人の住まい方をすべて押し込んだ時点で、すべての居住者は大きな十字架を背負っています。何度も言いますが、普段はこんなことを考える人はいないのです。

第 3 章
自分たちのマンション生活を取り戻すために動き始める

渦森会館での集会

緊急補修と輪番制理事会の交替

被災から時間が経ち気持ちが落ち着いてくる一方、わがマンションの被害状況はだんだんはっきりしてきました。思ったよりひどい状況に、このままではダメだという意識は、居住者全員のものとなりました。しかし、「ではどうする?」という問いに答えてくれる人はいませんでした。

輪番理事長として地震に遭遇した筆者にも、交替のときが迫っていましたが、この間の状況すべてをつぶさに見てきた者として、管理組合の限界を肌で感じていましたから、無責任に放り出すことはできませんでした。できることはやっておこうという気持ちでした。見舞金や義捐金の話は出始めていましたが、それを待っているわけにはゆきません。まず、壊れたものは元どおりにすること。それに疑いはありませんでした。

管理組合は予算を立てて活動していますが、一九九四年度の予算に、地震による破損箇所の復旧費用なんて計上してあるはずがなく、予備費の五〇万円を使うことにしました。軽微な支出は理事会判断で許されていますが、大規模なものはやはり総会議決事項です。金額の規定はなかったので、あまり深くは考えませんでした。決算が承認されなければ、理事会は大変なことになるわけですが、なんとか説明はつくと考えました。

とりあえずの補修については、理事会判断でどんどん発注してゆきました。上水・排水など、五〇万円の予算はあっという間に一八〇万円を超える支出となりました。あらゆる可能性を精査して支出を決定したか、三社以上の見積を入手して技術評価と査定を行ったか、施工管理は完璧に実施されたか……これらの疑問に、模範回答はできないかもしれません。しかし、速やかに総合的な判断を下すには柔軟な発想も必要だと考えます。形だけの批判には、すべて回答できるように準備してはいましたが、ようやく四月に開催された定期総会では、幸いそんなことを指摘する居住者はありませんでした。

かくして筆者は無事理事長職を解かれることになりましたが、残された補修工事内容と費用の検討など、ちょいと次の理事チームに押し付けるわけにはゆかず、次年度の理事会に幹事として残って活動を継続することになりました。結果的には、一九九八年に建替えマンションの正式な管理組合が動き出すまで、その後三年以上も役員としていろいろな形で管理組合や再建組合に関わることになってしまいました。

プロのアドバイス「建替えがベスト」が波紋を与える

定期総会では、前年度理事会の業務報告とともに、当年度の活動方針について審議が行われます。筆者たちは報告の承認を受ければおしまいですが、次期理事会は、震災復旧について、何らかの議案を作らねばなりません。毎年恒例の総会前アンケートにおいても、早急な補修の実施要求や一日も早く安心して住めるようにして欲しいという、切実な声が寄せられていました。

17号館を建設し、現状を最も理解しているはずのT工業が、最適な解決策を提案してくれると考えるのは一般常識でしょう。そこでT工業の協力を得て「震災による被害の修復・補修について」という議案が、「震災による災害見舞金災害義捐金を修復補修費に充当することについて」という議案とあわせて提案されることになりました。T工業には、具体的に考えてゆくために復旧方法とそれぞれの費用について試算してもらった上で、総会の場でも説明をしてもらうことにしたのです。

①建替えについて
②ジャッキアップ工事について
③床レベル修理工事について
④エキスパンション修理・敷地内道路アスファルト舗装工事について
⑤杭補強工事について

各項目に対して、専門家としての見解と補修内容や概略金額の説明を聞いた後、居住者から出た「何がベストか?」という究極の問いに、彼らは何と、「建替えである」と断言したのです。しかも、数百万円くらいの金額で実現するというニュアンスでした。これには驚きました。もちろん建替えという復旧も選択肢になることは、みんな漠然とはわかっていましたが、プロの言葉は重いものです。建替えという言葉がおおっぴらに語られたのは、この時が最初だと思います。総会では、建替えはあくまでT工業の提案ということで、詳細の対応方法は施設諮問委員会に諮ること、情報収集を継続することを確認するに留まりました。

施設諮問委員会というのは、運よく二年前に設置されていた輪番理事会の補佐組織で、各階段から委員が出て、年度に関わらない横断的な施設問題について検討してゆく組織です。本来大規模修繕の検討を睨んでのものでしたが、初仕事が震災復旧検討になろうとは。これまた運悪く、筆者は階段代表となっていました。

わがマンションの住民は慎重でした。この段階で何となく「そうかあ、建替えかあ」となっていたら、おそらく事業は検討不足で空中分解したでしょう。あくまで復旧方法は与えられるものではなく、住民が作るものです。住民全体の十分な理解と納得の上に生まれてくるものです。プロが言ったとしても、住むのはこちら取り組むのはわれわれです。いろんな意見、ましてやプロのアドバイスは重要ですが、これに振り回されてはいけません。最初から前提があっては困るのです。前提があるとすれば、元どおり復旧するという最終目標、この一点だけです。地震からちょうど三ヶ月、ようやく恒久対策への具体的検討が始まろうとしていました。

住民アンケートの実施と一〇〇〇万円の緊急補修

定期総会の意向を受けて開催された施設諮問委員会では、T工業などを相手に回して、通常の理事会組織では今後の対応が難しいということが確認され、この問題だけに対応する補助組織の必要性が議論されました。あわせて五〇戸の居住者全員の意見を聞くために、緊急アンケートの実施も答申されました。

そこで、急遽実施されたアンケートの結果は次のようなものでした。

(1) 建替え　27
(2) 詳細調査　12
(3) 補修　2
(4) わからない・その他　9

これをどう読むかは難しいところです。すでに建替え意見が過半数に達していると考えるか、詳細調査希望も含めて判断を決めかねている状態と考えるかで、自分たちの暮らしの行く末が決まります。幸い、理事会を含めて住民はなだれのように建替えへと走ることはありませんでした。結果的に建替えとなったからこそ、この時の慎重な判断は意味を持つと思います。

おもしろかったのは、マスコミを賑わし、定期総会でもかなり議論された傾いたマンション補修の目玉、ジャッキアップを選んだ人が一人もいなかったことです。何十台もの油圧ジャッキを建物の下に置き、傾いた建物を持ち上げて補修するという工法に、そんなことでは直らないという素人の直観が反応したか、費用が見当もつかないことに恐怖したか、やはり本音は出てくるものです。

理事会は、これらをもとに再度、「震災による被害の補修について」と「復旧委員会設置について」という二つの議案で臨時総会を召集することになりますが、その時上程されたT工業による緊急工事の見積は、次のようなものでした。

(1) 杭補強　七〇万円
(2) エキスパンション取替え　二九〇万円

(3) 敷地内道路アスファルト舗装　三五〇万円
(4) 排水管改修　九〇万円
(5) 石垣補修(詳細未確定)　一五〇万円

合計九五〇万円です。

一〇〇〇万円近くの支出は、すんなり可決されました。建替えの意向が半数を超えていたのに、誰もこれらを無駄金とは思わなかったのです。出席者の「建替えか補修か」という質問に対して、理事会は「あえて当面は補修で行く」という見解を出しました。自ら困難な道を選んだと言えます。建替え方針を宣言して、あとは専門家に全部お任せというやり方の方が、圧倒的に楽だったはずでしたが、無駄な投資に終わるかもしれない緊急工事を理事会は提案し、住民は満場一致でこれを支えたのです。

筆者も、いまだにこの一〇〇〇万円を無駄遣いとは考えていません。最初から建替えを前提とする損得勘定に走っていたら、やはり事業は空中分解したでしょう。建替えも決まっていないのに、補修を無駄金と言うから、話がおかしくなるのです。最初から建替えで走っておけばもっとよかったのに……というのは第三者から見た結果論です。理事会の突出よりも怠慢が、どんなに不信と不安を呼び、マンションの建物より居住者の心の大きな破壊を生んだかは、多くの例が物語ります。

復旧委員会が始動する――手弁当と個人のモチベーションだけが頼り

もう一つ、この臨時総会で「復旧委員会」の設置が承認されました。理事長の業務補佐機関として、一九九五年中に補修か建替えかという問題も含めて情報収集・検討し、全員に諮ってゆくという道筋ができたのです。施設諮問委員会とは別の、災害復旧のための完全なプロジェクトチームです。

この着想はよかったと思います。管理組合理事会と切り離した上で、それを補佐するという仕組みが問題対処の層を厚くしています。災害復旧に関わらず、目的別特別組織は管理組合内によく作られますが、当初の意気込みが間延びしたり、専門家のサロン化したりする例を知っていました。今回の地震においても、すでに建替えをめぐって壁にぶち当たっているマンションの情報もありました。だから、われわれの復旧委員会には危機感がありました。周囲の危機感が復旧委員会を後押ししたのかもしれません。筆者も末席を汚しましたが、輪番理事長とは異なる物凄い重圧がありました。

筆者がよくたとえとして話すのは、狭いフェアウェイということです。ゴルフという限定されたフィールドと目的を持った競技の中で、今回ばかりは目標であるホールが見えず、しかもフェアウェイが極端に狭く曲がりくねっているのです。打ち損じれば場外、いつまでも渋っていても進まない……ではどうするか？　刻んで行くしかないのです。時間はかかっても、目標に到達するためには細かい努力の積み重ねしかありません。やがてはゴールも見えてくるでしょう。必ずホールがあることだけは分かっているのですから。

「施設諮問委員会委員や理事長経験者、建築・土木・技術・行政などの有識者、経験者を中心に五人程度とし、自薦他薦を含めて理事会が委嘱する」という復旧委員。何という理想の資格。これなら総理大臣の諮問機関も務められそうです。六月の復旧委員会初会合で、理事長ははっきりと、「委員以外の幅広い参加」、「情報の公開」、「第三者の活用」を宣言しました。それを踏まえて委嘱されたのは、六人のサムライというか、ただのオッサンたちでした。

すぐに「復旧委員会だより」が創刊され、委員が紹介されています。実はこの広報紙は、筆者がずっと執筆したので、いささか自作自演のそしりは免れませんが、お許しいただくとしてそのまま再掲。


座長S・H氏＝土木についてはちょっとうるさいプロのエンジニアです。包容力で座長適任！

委員E・K氏＝前年理事。海の男であることは、知る人ぞ知る。陸の仕事でも行動派！

委員I・Y氏＝若手起用！　奥様も一級建築士の建築プロ一家。復旧委員会だよりの発案者。柔らかい発想が楽しみ。

委員M・Y氏＝前年理事。本当はプラント電気制御設備のエンジニア。運悪く(?)続投。

委員I・S氏＝総合的な判断を下す良識派。地域の民生委員としても活躍中。声の大きさは懐の深さ。

委員Y・T氏＝情報収集力は抜群！　一歩進んだところから物事を見る。プロジェクトの取りまとめに期待。


なかなかの人材だと思います。失礼ながら、大学の教授や法律家など、先生と呼ばれる肩書きを持つ人がいないのが特徴です。すなわち、全員が現場思考のできる人たちなのです。このことは、これから先の活動に大きな武器となります。読者の周囲にもこんな人はいるはずです。それをおわかりいただくために、もう少し紹介を続けます。こんな時にはこんな人に旗を振らせるべきだという、筆者の提案でもあります。

座長のS・H氏は、筆者の前年理事長です。本当に柔らかな性格は周りの意見を包んでしまいますが、エンジニアとして、被害状況も当初から客観的に見ていました。この人をおいてアクの強い復旧委員を束ねる人はいなかったでしょう。

委員のE・K氏は、筆者の理事チームの設備理事でした。これからもしばしば登場しますが、法の解釈とそれに基づく考え方や、会合翌日の議事録全戸配布などの思想はこの人から生まれました。最も自ら汗を流した人でしょう。

委員のI・Y氏は、筆者より若く、結構なブレークスルーをやってしまう。世代間の考え方の相違を、自らの行動で埋めてくれることになります。建築のプロとしての知見は、決してひけらかすことなく活かしきりました。

委員のM・Y氏は筆者です。自分で書いた、「運悪く続投」というのがぴったり。段取師や手配師として動くことになります。よそでは策士とも言われたそうです。

委員のI・S氏は、正義感の塊。曲がったことは絶対許さない。素人としての指摘にはするどいものがありました。こびへつらわない姿勢は、やがて近隣の応援をも獲得することになります。

委員のY・T氏は、民間企業のコーディネータとして多くの企画やイベントをまとめてきた、最もプロらしい人。ゼネコンでも再開発のプロでもありませんが、何を学び、どこに力を注げば事が成るかを熟知していました。

随分持ち上げましたが、幼馴染ではなく、学生時代の悪友でもなく、会社の同僚でもない、不思議な仲間です。世代も職業も全く違うし、近所の親友というわけでもありませんでした。でも間違いないのは同じ屋根の下に住んでいるということです。しかも目的は一つ、自分自身の住まいに関することですから、すぐにベクトルは一致しました。自分の父親くらいのI・Sさんと議論をしたり、自分より何十倍も経験のあるY・Tさんに意見を言ったり、今から思えば恥ずかしいこともたくさんあります。でも、今もって懲りずに飲みに行ってては悪態をつきつつかれつしています。

何だかいい格好を書き連ねましたが、実際は物凄い負担です。お金や時間もさることながら、気持ちの負担が本当に苦しい。皆勤めを持ちながらの復旧委員会活動ですから、会合は平日の夜か休日になります。役所を訪ねたり外部の会合に出て情報収集する時は、会社を休まねばなりません。体はもちろんしんどかったのですが、夜ぐっすり眠れることが少なくなってきました。それでなくても頭の濃くない筆者に、白いものが混じり始めました。まだ三七歳だったのに……。

他の復旧委員にも、糖尿病が悪化したり、バイクで転倒して一時戦線離脱したり、いろんな障害が発生しましたが、脱落する人はいませんでした。そんな暇もなかったのが現実ですが、はっきり言って頼りは個人のモチベーションだけでした。家族にも迷惑をかけました。すべてが復旧委員会活動中心に回るようになってゆきました。まるで職業を二つ持っているようなものでした。決して苦労をひけらかすわけではありませんが、やはり個人の汗は大事です。きれいごとでは済みません。問題は、このことのために汗をかけるか、自分と一緒に汗をかいてくれる人が何人いるかということです。

きれいごとはこの辺で、もっと生臭い本音の話。最も直接的に負担が増えたのは酒代です。だいたい、自分のマンションの居住者と毎週のように飲みに行くことなど、想像できるでしょうか。何かの会合や調査で出かけるたびに、寄り道をするようになりました。世代も服装も全く違う近所のオッサンたちが飲んでは議論し、しまいには歌になったり寝てしまったり、何度みんな一緒にタクシーで帰ってきたことか。これはストレス解消でもあり、ヤケ酒だったかもしれません。でも、お互いがますます良く見えてきます。会社帰りの一杯というのはいろいろ戦略的要素もある重要な業務ですが、復旧委員の一杯というのは、住まいでしかつながっていませんから、利害が共通になるのです。戦術的な議論、まじめな会話から始まるのですが、たいていは希望的で前向きな話しか出てきません。「とにかくがんばろうぜ」という調子です。周りから見るとちょっと異様な飲み客だったかもしれません。ボトルには堂々と「渦森団地17号館復旧委員会」などと書いていましたし。

誰と誰とが仲が悪いとか、あそこの奥さんが好きだなど、若干、震災復旧にはそぐわない話題が出ていたこともありますが、今となっては時効ということになりましょう。自分たちのマンションの人間模様も、たくさん勉強することになりました。当たり前のことですが、酒代は自腹。決して会議費や交通費として処理することなどありませんでした。信頼というのは針の穴から崩れてゆきます。復旧委員は、たとえ酔っ払っても皆それを理解していました。

これからの事業のイメージを共有――専門家の力を借りて勉強する

復旧委員会は、発足早々週に一回のペースで、精力的に現状の解析と今後の基本構想を模索していました。応急の復旧工事も着工されていたのでそのチェックもし、連合自治会にも復旧委員会の設置を報告して、17号館の活動を周知しました。館内向けの活動としては、第一回アンケートの結果を、単に数字だけではなく、意見そのものを整理して全戸配布しました。お互いの理解を深めるため、数値報告だけではなく、その裏にある想いを知ることこそが最も重要だと考えたからです。

並行して、E・Kさんが新聞で見つけ出した「神戸市復興マンション支援グループ」の一員である「コープ住宅推進協議会関西支部・COM計画研究所」に相談してみることにしました。震災復旧に初めて第三者が入ろうとしていました。もちろん、これですべて軌道に乗ったという認識はなく、まずCOMに聞いてみよう、いろんなところから情報を取ろうというわけです。

そのために、復旧委員会がやったことは資料の整理でした。今後あちこちに相談やお願いをする時、被災状況とこれまでの対応や活動を整理しておかねばこちらの状況と希望が伝わらないし、訪問した人によって相談先への説明のしかたや内容が変わるのも困るからです。

17号館の設計図面・構造計算書から始まり、被災状況の写真やそれまでの調査結果と補修概要から管理組合の活動経緯までを一冊にまとめ、そのファイルを一〇部ほど作成しました。「これまでの経緯と検討課題」と題するそのファイルには、検討課題として次の三点を明記しました。われわれが最も欲しい情報と指針です。

①応急補修と詳細調査
②補修か建替えかの選択
③最適な再建像の策定

その後お世話になる多くのプロの人たちにも、われわれのマンションというものを伝えることができたと思いますが、本当の効能は自分たち自身にありました。復旧委員全員が顔をつき合わせてコピーを読み合わせながら資料整理し、近くの生協で何百枚もコピーをとってファイルを作る作業は、事実認識のレベル合わせとなりました。

ずっと先の完成形の話よりも、これまでのことを整理して見える形にしないと先を見る目線の軸がぶれてしまいます。よくテレビで見た、「建替え派」と「補修派」が激突する管理組合総会など、筆者にはちょっと信じられない光景なのです。どなりあう前に、きちんと理詰めで客観的事実を整理してから、何が問題かという議論に入れば、こんなことにはなりません。ご近所同士のことですから、住まいに対する想いにズレは少ないはずです。感情に走ると、行き違いの修復が別の次元に移ってしまいます。技術的な議論や方法や工程の話とは違う世界に入り込み、恐らく戻ることは不可能になるでしょう。これも復旧委員全員のコンセンサスでした。

さて、復旧委員会は、COMの事務局を担当する岸部博さんに会い、現状を話してわがマンションにお越しいただくことにしました。岸部さんは、おおよそコンサルタントや建築家という職業には似つかわしくない、フォークシンガーみたいなひげ面のやさしいお兄さんで、その後再三押しかけたり招いたりして、さまざまな知識を与えてくれることになります。この出会いには本当に感謝しています。E・Kさんが電話をしなかったら、わがマンションの復旧がどうなったかわからないというくらい大きな節目でした。

時間と目的の決まったプロジェクトを成し遂げるには、必ず節目があります。通常は、あらかじめ節目をスケジュールに盛り込むのですが、今回ばかりは目的地しか見えない初体験です。でも後で思うと確実に節目があり、それによって舵が切られたことがわかります。

六月末には、コンサルタント説明会と称して、住民集会を開きました。わざわざ岸部さんがやってきてくれたのには、「分譲後の問題は住民で」という立場であった、神戸市住宅供給公社の口添えもあったと聞いています。

内容は、被災マンションの補修・建替えの検討項目を、資料を用いて整理してくれる極めて有用なものでした。ここでわかったのは、補修については技術的にも費用的にも思ったより大変であることと、公的支援がほとんど無いことでした。ショックだったのは、補修後の建物については資産としての価値が維持しにくいということでした。確かに売買という切り口から言うと、補修した建物はやはり不利でしょう。いくら中古車とは言え、好んで事故車を買う人はいません。たとえ完全に修理してあったとしてもです。

一方、建替えについても、莫大な金額が必要となるほか、近隣との問題や負担を軽減するための増床の問題など、多くの検討項目があることもわかりました。ただ、公的支援策には、検討中のものも含めてさまざまなものがあることも知りました。

まとめとして岸部さんが話してくれたことは、当館の被害状況は思ったより軽いこと、もっと被害の大きいマンションがまだ方針を決めかねていること、でも、公費解体などの支援を受けようとするなら、そうゆっくりしていられないということです。あわせて、長期的に見て建替えを検討する時期に入っているので、うんと先まで考えて結論を出す必要があるということです。

この説明会だけで復旧手法を確定するのは到底無理でしたが、スケジュールも含めて住民全体に問題点が周知されたのは大きな収穫でした。その裏には、徹夜で説明会のテープ起こしをやって説明要録をすぐに全戸配布したE・Kさんの作業があります。I・Yさんは説明会のビデオまでこしらえてくれました。

岸部さんは、次回の説明会でもう少し具体的な提案をすると約束してくれましたが、それは建替えを実施した場合のイメージで、補修についてはやはり多くの詳細調査を実施した上でも、その仕様と費用を算出するのは難しそうでした。それはそうでしょう。元に戻すといっても、どこまでどのように戻すかというのは、一概に決められるものではありません。たしかにジャッキアップ補修にしても、その範囲と工法はさまざまですし、補修過程に出てくる障害や仕様見直しは予測もつきません。要は絵がかけないのです。それに比べれば、一から始める建替え検討は簡単なものです。

岸部さんには失礼ですが、これをコンサルタントの利益誘導と取るか、わがマンションへの善意と取

コラム

餅は餅屋の復興メッセ

神戸市と住宅供給公社が主催し，ゼネコン32社が加盟する，市民による自力住宅再建の支援組織が「神戸復興住宅メッセ」です．1995年6月から3年間設けられ，個人住宅の復旧相談からマンション再建のコンサルテーションやゼネコン紹介まで，幅広い活動が展開されました．ことマンション再建についての相談数は600件を超え，建替えに寄与したものは，わがマンションを含めて18件あるそうです．

悪く言うとゼネコンの紹介組織みたいなものですが，これは大事なこと．被災地における良質な注文が欲しいゼネコンと，最高の方法で最安価な復旧を求める被災マンションの出会い系サイトみたいなものです．われわれにとってもピッタリの組織でした．プロの見立てと補修・建替えに関わらず最適の施工をわれわれも探していましたから，更地の目立つ三宮の中心部に建てられたプレハブ造りのメッセにも足を運ぶことになりました．

17号館を建設したT工業を始め，COMの岸部さんの教えを乞うたり，メッセにアクセスしたり，随分手広く秤にかけているような印象ですが，そのとおりです．結論を急いでこじれている例は多々ありましたから，まずは情報の収集です．今いろいろなことを知っておかないと，広い範囲からの選択や評価ができません．メッセはプロ中のプロです．コンサルテーションから設計施工まで，補修でも建替えでも十分にこなせる力がありそうでした．ここでわがマンションの行く末がすぐに見えたわけではありませんが，事業の道筋など，いろいろなヒントを教えてもらい，プロジェクトのフレームはおぼろげながら見えてきたような気がしました．メッセという海に，情報という魚を捕らえるための網を張ることもできました．また，スーパーゼネコンの一社からも事業の進め方や実績を聞くことができたことは，それだけでも大きな収穫でした．

ずるいようですが，素人として徹底的に多くのプロを利用し尽すことが肝要です．一方で，この震災対応にプロはいないという合言葉もありました．だから結論はそう簡単には導き出せなかったのです．ただ，自分たちが主体であるというスタンスが崩れることはありませんでした．その結果，復旧委員会が誤った指針を出すことも無かったのです．餅は餅屋ですが，食べるのはあくまでわれわれ自身です．

結果的にはメッセの協力を得て建替え事業に取り組むわれわれにとって，この段階では，メッセも一つの情報源でした．

るかで今後の進め方も変わります。性善説の筆者は当然、後者と理解しましたが、その裏には岸部さんの真剣さと、最終決定はわれわれ住民であり今はあくまで情報収集という、自分としての割りきりがありました。

二回目の説明会で出てきた資料は、建替え検討の試案として五〇戸を六六戸に増床したものでした。保留床の一六戸を売却する他、各種の補助を取り込んだとして、一三億円あまりの事業費で、一戸あたりの負担額は一一〇〇万円余りとなっていました。これはこれで、役に立ちました。やはり数字には説得力があります。建替えについては、少しイメージが見えたような気がします。

同じようにコンサルタントに話を聞いた被災マンションは、数多くあるそうです。しかし、説明会が建替えに向けての意思誘導のように捉えられてしまい、後々まで大きな禍根となったマンションもあるようです。そこでもわれわれが受けたような説明が行われたはずなのですが、聞く側によってはそれを「補修はダメだから建替えよ」というふうに受け取ってしまい、補修の検討という視点が消え去り、一気に建替え検討になだれ込んだようです。そうなると、補修だけで十分やってゆけると考えていた人が「建替え反対派」になってしまい、果ては長期間の泥仕合につながってゆきます。同じ話を聞いても、それをどう自分のこととして冷静に判断するかで結果は一八〇度異なるものです。

筆者は、不幸な被災マンションの例を、「ボタンの掛け違い」と感じています。最初にボタンの掛け違いがあれば、決して最後まで元に戻ることはありません。最初のズレは、きっと些細なものです。一月一六日まで仲良く暮らしていたご近所に、訴訟など起こるわけがないのです。事ほど左様に与えられる情報の冷静かつ主体的な判断は重要な意味を持つと思います。特にスタート時点では。

それにしても、補修というものの考え方、すなわち補修したことによって安心と資産価値が担保されるわけではないという事実は、確かに重要です。一方、マンションを売買の対象とせず、自分のものとして考えれば資産価値がなくなっても良いという意見もありました。もっともです。しかし、共同住宅では、そう思わない人もあるでしょう。普通はマンションを考えるときに、その資産価値は重要な評価指標となります。やはり自分の家の資産価値は落としたくない。

さあ、段々と話が難しくなってきました。建替えという言葉は判りやすいのですが、資金の問題は大きく、引越しや近隣など付随する問題も多い。やはりフェアウェイは極端に狭かったのです。でも見失ってはいけないのは、われわれがそこに住むという事実。復旧した建物に住む自分とその家族をイメージしなければ正しい結論は出ません。軸足がぶれないようにするには本当に難しいのです。

誰にも同じ判断基準を提供する——当日のテープ起こしと議事録の翌日配布

これはどうしても特記しておく必要があります。復旧委員会にとって、透明性や中立性が情報提供時に必要なことは当然ですが、意識するかしないかは別にして、どんなことでも発信する時には発信者の意図が混じります。しゃべったり書いたりするのは自分ですから、その人の考え方が反映されてしまうのは当たり前です。それを避け、情報を判断する人に平等に届けるには、全くそのまま伝えるしかないのです。テープレコーダーです。

集会に出席できなかった人を出席した人と同一レベルにするためには、その記録をすぐに出すしかありません。人間は都合よくできていますから、出席者の理解や考え方も時とともに変わります。自分で発言したことすら忘れてしまいます。それを防ぐには、限りなく速やかに議事録や講演録、聞いたことやもらった資料を関係者全員に配布するしかないのです。

会議のテープ起こしほど後ろ向きでしんどい仕事はありません。しゃべっている日本語は、はっきり言ってみんな滅茶苦茶です。その場では理解できても、文法的には理解できないことが多いのです。それを感情や思想を入れずにきちんとつなぎ合わせて、しかも文字にするのは並大抵のことではありません。二時間の会議なら、三倍としても六時間はかかります。

議事録はもちろん、説明会や復旧委員が訪ねた先でのやり取りなど、テープ起こしの必要性は山ほどありました。E・Kさんは終始、この汚れ役を買って出ました。「スパイみたい」と言われながら小型テープレコーダを持ち歩き、彼のワープロは連日フル稼働し、その出力は、一回の集会でA4用紙にびっしり三〇枚に及ぶこともありました。当然、徹夜です。いくら正義感の強い海の男でも、体にはこたえたはずです。みんなに同じ判断材料を提供することの大事さを、ここまで重視していたことは、受け取る側にも必ず伝わったと思います。

情報不足や独断専行をあげつらう人は、自分で汗しない人です。E・Kさんは、人に頼むくらいなら自分でやると言います。彼の残した資料はいまだに読み応えがあります。つまり、それぞれの集会や説明会が聞き応えがあるということです。筆者にはとてもできませんが、彼の汗は報われたと思っていま

コラム

いろんなことを考えてみる――ランドマークタワーの発想

いまだに飲むとE・Kさんの持論として出てくるのが，渦森台ランドマークタワー論．もっと大きな構想が必要だというのです．当館だけのことを考えるのではなく，この際団地全体を考えて，何棟か一緒にまとめて超高層マンションにしようというわけです．海の男E・Kさんは，神戸港に入ってくる船が，遠く渦森台にある超高層マンションを目印に舵を切るというのが夢なのです．これが本当のランドマークです．

もちろん，宅地の用途規制や多くの問題があって，そう簡単に実現するものではなく，超高層マンションにも問題があることくらい，それまでの学習でE・Kさんにもわかっています．多くのことを学んだからこそ，こういうブレークスルーが必要だというのです．

確かに何棟かが一緒になれば現在の建ぺい率や容積率のままでもかなり大きな建物ができます．このような視点からの団地のリニューアルも，今後は考える必要があるでしょう．十分検討すれば案外リアリティのある考え方かもしれません．残念ながらさすがの復旧委員会もそこまで調査検討する余裕はなく，ランドマークタワーの仕様検討に入る頃には皆酔っ払ってしまうので，いまだにランドマークタワー構想は日の目を見ていません．しかし，やがて訪れる当団地全体の建替え問題が現実のものとなった時，E・Kさんはにわかコンサルタントとして活躍するかもしれません．

E・Kさんには負けますが，筆者にもアイデアがあります．当団地1号館の前に，ちょうど一棟分の敷地の公園があります．筆者の子供たちもお世話になった大きな砂場と，ネットに囲まれた球技エリアがあるのです．筆者が考えるのはこの公園の下をすべて地下駐車場として団地内の路上駐車を一掃することです．地下を何階まで掘るかは十分なマーケティングが必要ですが，災害時の食料や機材の備蓄基地を併設することも容易です．ここは山手ですから，来たるべき東南海地震の津波シェルターとしても使えます．普段コンサートホールとして使うかどうかは別にしても，カルチャー拠点にはなるでしょう．こいつは随分具体的です．すぐにも実現して欲しいものです．

E・Kさんもそうだと思うのですが，こんなことは地震前には考えたこともありませんでした．しんどい中にも，確実に視野が広がり視点が高くなっていたと思います．自分たちの住まいからその周辺に至るまで，暮らしを軸にしたアイデアは，やはりその地の住民にしか出せないと思います．

す。

当時Ｅ・Ｋさんは、ご家族の都合で17号館に一人住まいでした。彼の部屋が復旧委員会の巣窟になったのは言うまでもなく、飲みすぎて泊まってゆく理事さんもいました。同じマンションの他人の部屋で飲みながら仕事をするなんて、そうあることではありません。なんだか学生時代の下宿生活に戻ったみたいで、楽しい思い出です。酒を持ち寄りつまみを持ち寄り、和気藹々ではありましたが、会話している内容はいつも深刻だったことが残念です。わがマンションの将来は飲みながら決まっていったわけではありませんが、アイデアやきっかけにしばしば酒の力があったことは、きっと事実でしょう。

手順を踏んで進むこと——長丁場を再認識して

さて、話を元に戻しましょう。一九九五年は、わがマンションにとって本当に熱い夏となりました。復旧委員会は精力的に活動していましたが、並行して筆者は理事長とともに市道復旧対策会議に出ていましたので、これも大変でした。西側石垣の復旧を連合自治会として東部土木事務所と交渉していたのですが、どうやら落としどころが見えてきました。石垣は現状どおりとして、国の補助を得てバス道路をその下の土留め堰堤とともに補修することが決まりました。地震後半年あまりを経て、まず足元の本格復旧が始まりました。

復旧委員会は、ＣＯＭの岸部さんと共に補修費用の検討と長期的な補修を含むランニングコストについて算出する一方、これまでの活動について正式に報告して、今後のスケジュールを皆で確認しあうことを決めました。これに基づき、八月には臨時総会で、これまでの経緯と、補修・建替え各々の費用試算を公表しました。

⑴ 補修工事
　ジャッキアップ・外壁塗装等　二億三〇〇〇万円　一戸あたり四六〇万円
⑵ 建替え工事
　六六戸の場合　一戸あたり一一一〇万円
　五〇戸の場合　一戸あたり一二五〇万円

これらの数字を、わがマンション住民はどのように捉えたでしょうか。これまでの情報や勉強の結果、数字の裏にある事実を皆さんは読み取ってくれたような気がします。決してこれらの数字がすべてではなく、数字そのものも変わってゆくことをみんな理解していたのです。

あわせて、各々のスケジュールも提出されましたが、いずれも一年を優に超えるもので、全員がこれからの長丁場を再認識したものです。

この時議決されたのは、復旧のスケジュールとコンサルタント・調査費用でしたが、これも決して建替え決議ではありません。ぼちぼち決めてゆこうという意思確認でしたが、公費解体の期限が翌年三月という話も見えてきていたので、そろそろあせりもあったことは事実です。もっとも、公費解体をあせって建替えを決めるほど、われわれは無謀ではありませんでした。このあと二回目のアンケートを取り、その結果の説明会を開催し、次のステップへと着々と進んでゆきました。

アンケートの結果は次のようになり、建替えを望む住民は前回の二七戸から一〇戸増加しました。やはり、建替えを視野に入れることが避けて通れなくなってきました。

(1) 建替え 37
(2) 大規模補修 2
(3) 小規模補修 8
(4) 未定 3

数字だけを見ると、建替え決議が成立する四〇戸には届いていませんが、今にして思えば、この微妙な数字がどちらかへのなだれ現象を防いだのかもしれません。岸部さんも慎重で、勧めてくれたのは建替え方針決議というものでした。

建替え決議を実施して成立したらすぐ建替え、という筋書きは正しいのですが、これが多くの問題を起こすことは明らかでした。4/5以上の賛成者と過分の補修費用というのが建替え決議の要件ですが、例えこれをクリアしても、反対した人の問題や、費用の算出方法が間違いで決議が無効になり、その後長く法廷で争われることになったケースもあります。さすがにそんなマンションがあろうとは、当時の復旧委員会も予想しませんでしたが、時間はかかってもきちんと工程をつくり手順を踏んでゆくというやり方は、皆理解できました。とりあえず住むことができたということが大きいのかもしれません。

これからの工程に組み入れる節目は次のようなものでした。補修を選択した場合は、すぐに具体的な工事工程につながるのですが、途中で何が出てくるか判らないので工程計画は困難でした。

①方針決議
②事業基本計画の策定(協力者の選定)
③大筋合意
④事業実施計画の策定(不同意者対応)
⑤建替え決議
⑥解体決議
⑦着工(建築確認申請・引越し・売買契約)

確かに流れは建替えだったということもあるのですが、より期間が長く外部との調整要因が多い建替えについての展開を想定したわけです。それぞれの節目で頓挫すれば、補修による復旧策に切り替えるわけですが、後になるほどそれが難しいのは当然のこと。つまり、最初の段階で十二分に検討を終え、あとはスムースに行きましょうというストーリーです。節目の検討と工程の計画をきちんとやっていれば、このプロジェクトが大きくぶれないことは、職業上もわかっていました。岸部さんのおかげで全体を見通す大きな工程ができました。

一九九六年三月までに解体決議に到達すれば、公費解体が受けられます。解体費用は約一億円と想定していたので、一戸あたり二〇〇万円です。これはすごく大きいのですが、最初から無理がありました。その後、臨時総会には、まさにロードマップと題して管理組合・住民・外部のアクションを整理した工程表を提出しましたが、これには一九九六年三月に建替え決議と記入しました。それを目指そうと「建替え推進派」ならあおるところを、復旧委員会は、こんなものは目安だからじっくり検討しようと力説しました。スケジュールなど修正すれば良いのです。やることまでも同時に修正すると計画は空中分解してしまいますが、節目さえ押さえておけば目的地には着くのです。

結果的に公費解体の期限が一年延びたので、その適用を受けることができ、行政には感謝しています。結果は後からついてくるということが、被災マンションの復旧にも言えることがわかりました。

建替え方針決議と再建委員会の発足――復旧委員会の限界

地震から一〇ヶ月経って開催された臨時総会は、一つの転機になりました。復旧委員会の会合は五ヶ月間で三〇回に届き、さすがにその活動にも限界が見えてきました。疲れ果てたわけではなく、これより先はもっと専門的な検討、すなわち実際にお金を払ってでも具体的な「絵」を描いてもらうことが、一歩踏み出すのに必要となってきたからです。

どのような復旧が望ましいのかは、人によって想いが異なります。このままでは意見集約が出来ません。もっと絞り込んだ形で、具体的に考えてゆく必要があったのです。建替え方針決議が成立すれば復旧委員会をもっと具体化した再建委員会が作れます。中立的な情報収集ではなく、建替えを前提に外部の人たちと折衝し、その検討ができるわけです。

これまで本当に不眠不休の活動を繰り広げてきた復旧委員たちには、徐々に選択肢が見えつつありました。こんなことを書くと「復旧委員会は中立ではなかったのか！」と言われそうですが、それには反論があります。ひたすら復旧方法の検討を目的として活動してきたからこそ、偏った思い込みではなく建替え前提の活動が必要だと思い至ったのです。単に建替え仕様と費用の検討や、建替えと補修の費用比較だけではなく、法律や制度の勉強、長期にわたるマンションのランニングコストなど、検討項目そのものの調査から始めたことが、広く説得力のある考え方を身につけさせてくれました。このことは、後に事業が進みだし百戦錬磨のデベロッパーやゼネコンとやりあう時にも役立ちました。商売として取り組む彼らに対しても、対等以上に議論ができる力となったのです。

臨時総会の議題は次の四つでした。

(1) 17号館復旧方針について
(2) 再建事業の推進体制について
(3) 事業協力者の選考について
(4) コンサルタント・調査費用予算について

1号議案の建替え方針決議は、建替え決議と同様の内容で、成立要件も建替え決議と同じ⅘としました。つまり、建替え決議の事前シミュレーションとしたのです。2号議案が再建委員会設置、3号議案は事業協力者選考の同意を求めるものでした。4号議案は五〇〇万円の費用支出を決めるものです。

さすがに提案する理事会も必死で、それをサポートするわれわれ復旧委員会も緊張しました。方針を決めるということは、もちろん見直しはあるとしても、復旧の手段が特定されるからです。復旧という目的だけを掲げて走ってきたわれわれにとって、逃げ道がなくなるからです。

ここで大きな力が加わりました。会計理事のN・Mさんのご主人が、単身赴任から復帰したのです。われわれがファーストネームで呼んでいるヒロシ、彼は新聞記者でした。筆者などは、彼の立場を生かして新聞にわがマンションの存在とその苦労を書きまくって欲しいと考えていたのですが、彼はそんなくだらないことはしませんでした。彼の、問題点の把握と文章への展開のうまさを、他ならぬ自分のマンションの住民への語りかけに使ってくれたのです。

筆者は、地震直後の広報から始めて、復旧委員会だよりを作ったり総会の招集レターを作ったりしていたので、その大変さは身にしみていました。情報を共有するとか何でも公開すると言いつつ、それが容易ではなくしばしば苦痛になることを知っていました。そんなへたくそな素人表現とヒロシの書く文章は、当たり前ですが、根本的に違っていました。ヒロシは、理事としてこの重要な総会の事前説明会を開催することを提唱し、議案説明の資料も一気に書き上げました。誰が見てもわかりやすい資料は、地震当時は単身赴任だった、彼のこれまでの歯がゆさの総括であったのかもしれません。

その事前説明会を踏まえた臨時総会は、出席者三九名・委任状一一名の全員参加により実施されました。これまで触れていませんでしたが、17号館の総会は、基本的には全員参加です。いわゆる普通のマンションでは一〇〇%参加でないところも多いと聞きますが、他でもない自分の家のことなのだから、参加して意思表示をするのが権利であり礼儀だと思います。全く意に関せずという人に限って、後から文句を言ったり決議事項を守らなかったりするというのは、ままあることです。総会に本人が出席できなくても、委任状参加という方法もあるのです。情報不足と言うより自分が情報を拒絶しているような

コラム

女性の強さとしぶとさ —— 尊敬すべきわがマンションのお姉さま

他所は知りませんので，わがマンションに限っても女性の力は大きい．これはきっと物事を成し遂げる一大必要条件です．特に今回は住まいのことですから，暮らしの中心である女性の力が重要なことは当然でした．でも，一方で女性を持ち上げておきながら，「俺が決める」とか「お前は引っ込んでおけ」と言わんばかりのオッサンたちがやってる管理組合総会って，結構多くないでしょうか．17 号館がこれまでそうだったとは言いませんが，今回ばかりは心から女性の参加を要請しました．

そんな中でも，筆者の理事チームの後を受けた女性理事は特別でした．副理事長のＮ・Ｉさんや会計担当のＮ・Ｍさんから，詰問を受けたのは２回や３回ではありません．「素人だからわからない」という責め文句は，本当にこたえました．確かに彼女たちから見ると，エンジニアの筆者が素人と言えない部分もあったでしょう．そういう事柄については，特にきちんと理解してもらう義務があります．被害状況とその解釈など，何度も何度も説明しました．この経験が，筆者が役所で「素人だからわからない」と言って窓口で食い下がる戦法に活かされたことは言うまでもありません．

復旧委員があちこち出かけてゆく時は，お二人とも同行し，厳しい突っ込みも至る所で披露してくれました．理事としてよりも 17 号館住民としての勉強量は大変なものだったと思います．何度か二次会にも付き合ってくれましたが，そこでは復旧委員が厳しい指摘を受けました．曰く「コンサルタントには，もっとここを詳しく聞くべきではなかったか？」，「次回はこんなことを聞くことを忘れないように！」．筆者にとっては厳しすぎるお姉さまたちでしたが，わがマンションにとっては，重要戦力でした．

また，筆者は地震時の理事長として急に顔が売れましたから，多くの女性たちから声をかけられました．いろいろ指摘も質問もたくさん受けました．補修か建替えかなどという愚問ではなく，敷地内に設置した地すべり計の見方とか，役所が実施した敷地内のボーリングで採取されたコアの見方とか，随分技術的な問いが多かったと記憶しています．

また，一般に女性はマンション内に限らず近隣にも強いネットワークを持っていることが多いので，周囲がわれわれのマンションをどう見ているかという情報は，こういう時に聞くことができました．やがて建替え事業に入るにあたっても，これは大事なことでした．やはり女性は強いという，月並みな結論です．

人がいると、マンション運営は難しくなるでしょう。

　さて、七階建てを想定した六六戸の暫定事業計画について、その実現可否や団地としての適否について質疑が行われた後、建替え方針決議は四二対八で可決されました。仮にこれが建替え決議であっても可決される票数ですが、やはり微妙な数です。八戸の反対票はどうなるのかということを考えると、全員合意の重要さと困難さ、そして今後の事業の進め方には、まだまだ課題が残ったとするべきでしょう。

　2号議案から4号議案はすべて四七対一（棄権二）で可決され、再建委員会が設置され、建替え事業に向けて具体的検討が開始されることになりました。熱い夏を乗り切った復旧委員会は、ようやくここで解散となったのです。

　もちろん理事会と復旧委員会は、議案作成時に再建委員会のイメージについて、議論を重ねました。多くの人を巻き込むことと、分業化して詳細検討を進めることは、復旧委員会活動の経験から最も大事なことだとわかっていました。再建委員会は、はっきり拡大理事会と位置づけられ、女性を含む多くの参加が、強く理事会から要請されました。

　前年度・当年度の理事・復旧委員・理事長経験者・その他自薦他薦、二〇人を超える人数です。もちろん、建替え方針決議に反対した人も含まれます。これも大事なことです。今はみんなが役員になってがんばらないといけないのです。参加することによって、もっと自分の考えにも厚みができるはずです。

　ともかくも、怒鳴りあいや訴訟などを避けつつ、わがマンションの復旧方針は「建替え」であることが内外に宣言されました。はた目には何となく建替えに向かっていったと映るかもしれませんが、本当はそうではなく、石橋を叩いて渡る滅私奉公の復旧委員会活動がその裏にあったことをお伝えできたでしょうか。

復旧と復興は違う――先に復興を掲げるから失敗する

ここで、復旧委員会の本質について、あらためて振り返ります。

飲み屋でも素面の会合でも、われわれは「復旧」ということばに、徹底的にこだわりました。すでに事例を聞いていましたが、再建委員会や建替え委員会が突然できたため、住民に生理的な拒否反応が出てしまったケースもあるそうです。確かに判りやすいし、事実を表わしていますが、それは最終の結果であり手法の問題です。様々なマンション住民の想いの中で、そう簡単にたどり着けるゴールではないはずです。だからこそ検討が不十分という意見が出たり、「建替え派の策略」という評価が出るのです。

われわれのマンションでは、むしろ話を簡単にしました。要は元に戻すこと、一月一六日の暮らしに戻すことだけが、皆の一致した意見であるということです。これに異議のある人は一人もないはずです。本当に基本的な合意からスタートするのです。建替えも補修も復旧の単なる手段にすぎません。その手段を決定するための、言わば使いっ走りが復旧委員会なのです。復興委員会などというありがたい名前にしようという意見もあったのですが、とてもそんな美しい状況ではありませんでした。「興す」ということばには、以前よりも良くというニュアンスが含まれます。これだとマンションの場合、即建替えに向かうような気がします。それでは困るのです。だから「復旧」なのです。マスコミが結構あいまいに「復興」ということばを使うことに、筆者は今でも大変違和感を覚えます。

「復旧」ということばにさえこだわりながらも、その手法には全くこだわりませんでした。大きくは建替えか補修なのでしょうが、いずれにも多くのバラエティがあり、全部シャッフルして選択すればよいと思っていました。しかも自分たちだけで決定するのではなく、持ち帰って家中みんなで判断するのです。マンション住民全体が考えることなのです。目標が押さえてあれば、過程はいろいろあって良いということは、何度も書きました。みんなで考えるということが、ことばを変えた復旧委員会の目標なのです。

「空中戦」の恐怖——どこにでもいる一級建築士と弁護士

こういった事業を進める上で、絶対避けなければならないのは「空中戦」です。被災マンション復旧に限らず、テレビでよく見かけることです。まるでお芝居のように上手に言い合いをしているオッサンたちがいませんか？　字幕を見ると、しゃべるのが職業の人が多くありませんか？　その話題について、明らかに専門家だとわかる人ではありませんか？

今回は、震災復旧のプロが最も必要でしたがこれはあきらめました。でも建築や土木に関するプロと法律や行政に関するプロはその次に重要でした。被災マンションの中には、ラッキーにもこんなプロを住民として抱えているところがありました。先頭に立ったプロの方の想いと行動力には、素直に敬服する他ありません。

彼らにとっては、われわれのようにモタモタ進んだ復旧事業は生ぬるく、新聞やテレビにわがマンションが登場することも、ほとんどありませんでした。強力なリーダーもおらず、歩みも遅いのでちっとも華やかではないからです。しかし筆者が声を大にして言いたいのは、なまじプロがいるとかえって間違いを起こすこともあるということです。これは決してプロへの批判でもやっかみでもなく、経験的な事実です。

マンションともなると、どんな問題が起こっても一人くらいプロがいます。ここで指摘したいのは、「プロ」や「先生」としての議論は大いに結構で、必要でもあるのですが、住まいや暮らしという、もっとも泥臭い地平から浮いてゆくということです。今議論しなければならないのは、商売や研究対象ではなく、他でもない自分自身と家族の住まいのことなのです。

どんなに偉い人でも専門家でも、家に帰れば靴を脱いで上着も脱ぎます。どんなプロでも、家に帰れば筆者と全く同じ、ただのオッサンです。今回の議論は、あくまでもこの視点でなければなりません。一連の活動の中で、お話を聞いたり教えを乞うた方たちに、筆者はただのオッサンとしての意見も求めました。先方も筆者も同じオッサンとして、どうしてゆくのかを探りたかったからです。

補修でも建替えでも、だんだん自分の住まいをどうするかという立脚点からはずれて議論が議論を呼ぶことを、筆者は「空中戦」と呼んでいます。空中戦に劣勢になってくると、次に頼むのは助っ人です。助っ人は必ずいます。専門家だからこそ必ず対抗馬がいるのです。助っ人は理論武装してきますから、今度は相手も戦力増強し、これが繰り返されます。これがエスカレートすると、当事者であり主役であるはずの住民は、だんだんと舞台から観客席に移るしかありません。派手な空中戦には、やがてマスコミも注目してきます。こんなことで自分の住まいを自分たちが満足できるように復旧できるでしょうか？

自分たちの目線で状況を理解し、自分たちができる範囲で解決してゆくことが、わがマンションの復旧の真骨頂でした。これは、決してプロの助言を排除するわけではなく、むしろ結果はその逆です。多くのプロの力添えで建替え事業が進むのは当然です。憎むべきはプロ同士の空中戦です。

短時間での合意形成は不可能――マンション復旧はマラソンではない

確かにわれわれのマンションの中でも、当初から復旧に対する思いは割れていました。補修か建替えかではなく、「早く何とか！」と「ゆっくりでよい」という二つです。

建物の西半分は明らかに傾いていましたから、人によっては暮らしというより体そのものに影響が出ます。これは体質や感性の問題ですから個人差があります。日常生活に耐えられないという声も出てきました。これは最も困ることです。筆者の住戸はちょうどエキスパンションの横だったので、お隣のベランダが一〇cm以上せり出しているのを毎日見ながら、いい思いはしませんでした。一方、傾きなんて何ともない、果ては大規模補修どころかこのままでよいという声もありました。

アンケートの結果を見ても、中途半端に復旧が長引き、その間、被災建物に閉じ込められるなら売却してしまいたいという意見もありました。しかし、ここは急ぐ人にブレーキをかけざるを得ませんでした。われわれの震災復旧で最も苦しかったことの一つです。普通なら少数意見の人が圧力を受けるところを、むしろ多数意見の人が大きな抑制を強いられ、理性で何とかこれを受容することになったのです。グイグイ進んでうまく行ったところと、禍根を残した被災マンションの間にあって、足並みの遅いマンションの結果はまだ出ていませんでしたし、結果が出る確証もありませんでした。それでもことあるごとに、すべての人たちに我慢を呼びかけることになりました。

歩みの遅い人にはさまざまな理由がありましたが、身内に病人があったり、人生設計が狂ってしまった人など、そう簡単に解決できる問題ではありませんでした。公的資金を私的マンション復旧に投入することへの批判意見さえありました。これがマンションというものなのでしょう。

補助を受けることへの抵抗はさておき、本当に具合の悪い方たちの抱える問題は、時間をかけて解決するより方法はありません。もとより復旧委員会は、落としどころの判断をするためのツールです。急ぐ人にも急げない人にも、等しく判断材料を提供し続ける他はありませんでした。

震災復旧は、しばしばマラソンに例えられます。その長丁場といい、さまざまな参加者の生きざまといい、確かにマラソンに似ていますが、根本的に異なっているのは、参加者が全員同時にゴールしなくてはならないこと。こんなマラソンはありません。でもわれわれが目指したのは、まさに全員同時のゴールでした。目標はそれしかありませんでした。競争ではなく、横一線に並ぶことの難しさを本当に思い知らされました。

そう簡単に合意形成など出来るはずがない。何度となく教えてもらった合意形成と全員一致の重要さですが、やっぱり絵に描いた餅です。ことばでは簡単ですが、自分のマンションに帰ってみるとそうはゆかないのです。それでも筆者が最後まで足を洗えなかったのはどうしてでしょうか？　やはり自分の家のことだったからです。月何十万円貰っても、復旧委員会活動はきっと割に合いません。よそのマンションの話なら絶対引き受けません。復旧委員全員がおそらくそうでしょう。でも、仕事やお金を超えたところに自分の住まいがあると思うのです。そのことをどれだけはっきりと認識するかが、復旧の成否を握っていました。筆者に限らず、復旧委員に限らず、これは住民全員が等しく背負う課題でした。

コラム

▲すまい再建での「情報」と「知恵」の共有▼

矢島利久（神戸市都市計画総局計画部地域支援室係長〔当時・住環境整備課主査〕）

私たちは日常生活で、特に意識せず安全と安心を享受しています。ところが、突然にこの日常を支える安全と安心が崩れ去る事態が発生するとすれば、私たちはどう対応したらよいのでしょうか。

震災による被害とすまいの再建

平成七年一月一七日未明、神戸市は未曾有の都市直下型地震にみまわれ、多くの市民の生命と財産が失われ、生活の基盤である住宅も約八万二〇〇〇戸が滅失しました。すまいを失った市民は、住宅を再建するうえで多くの困難に直面しました。たとえば、新たな資金の借り入れなどの経済的問題や、区分所有法、借地借家法などすまいにかかわる権利関係上の問題、宅地が狭くて以前の住宅面積が確保できないとか必要な道路に接道しないといった建築規制などの問題がありました。

地震による特に大きな被害は、木造老朽家屋が密集する既成市街地にみられましたが、分譲マンションでも激震地（震度7のエリア）を中心に被害が発生しました。被害内容は柱・梁などの主要構造部やエキスパンションジョイントの破壊、ピロティ・駐車場などの一階部分や住戸中間階の圧壊、基礎の沈下などがあり、被災した分譲マンションの多くが、建替え・補修等を余儀なくされました。

この事態に、多くの居住者の方は区分所有ビルである分譲マンション特有の課題に直面しました。管理組合・再建組合等の組織化と運営、建物被害の把握と評価、再建か補修かの決議とその実行などです。また、都市計画や建築規制との関係、資金調達や抵当権処理の問題など、解決すべき課題は多岐にわたりました。

これらの課題に対して、行政や公的機関などによるさまざまな施策が実施されました。区分所有法の建替え決議のほか、滅失したマンションに適応する「被災区分所有建物の再建等に関する特別措置法」が平成七年三月公布されました。また、神戸市では、建築・法律・融資などの専門家によるすまいの再建支援を進めるため、平成七年六月に「神戸・住宅復興メッセ」による相談業務を開始し、七月から「こうべすまい・まちづくり人材センター」による専門家派遣を行ないました。経済的支援としては、国の所管する「優良建築物等整備事業」など各種事業制度を活用し、国・県・市から設計や建設費等への補助を行いました。また、兵庫県・神戸市が設立した「阪神・淡路大震災復興基金」による借入金への利子補給など制度化されました。

しかし、なによりも重要なのは居住者の方々の合意形成にあると思います。一般に、マンションに入居した当初は、皆同じような世帯構成・収入で、合意形成が比較的容易な面がありますが、年月が経つにつれてそれぞれの入居世帯の状況も変わり、中古流通や賃貸化により新しい世帯が入居するなど、マンション全体としてひとつの方向に意思決定することは徐々に難しくなります。マンションは、基本的に個人財産の集まりであるので、この意思決定に行政が直接かかわることはできず、コミュニティによる自己決定にかかってきます。

被災マンションでは、軽度な被害のため補修対応で十分な場合や、逆に明らかに建物が滅失してしまった場合は判断が容易ですが、被災状況によっては専門家でも意見が分かれる場合もあり、合意形成に大変な時間と労力が求められます。神戸市内で、建替え決議をおこなったマンションは全部で五四棟(約三八〇〇戸)ありますが、そのうち二棟で建替え決議をめぐり意見が対立し裁判にまでなりました。

平成一一年一月、震災後四年たった神戸で、日米都市防災会議が開催され、両国の専門家が意見交換をしました。その分科会で神戸市からすまいの復興状況を報告し、マンション再建も議論されました。日本側から、「意見対立が裁判にまでなり、課題が大きい」と説明すると、アメリカ側から「自国では、そのような場合たぶん半分以上が裁判になるでしょう」という返事があり、なるほど問題解決に対する国民性の違いがあるなと感じました。

人の生き方が十人十色であるように、問題解決の方法も各マンションによりさまざまです。渦森団地17号館では意見が分かれる事態になったわけですが、居住者の方々のねばり強い努力により、ひとつの方向性を出し、すまいの復興がなされました。私も参加させていただいた竣工式での、居住者の皆さんの晴れ晴れした笑顔が思い出されます。

コミュニティの合意形成

被災地では、さまざまな情報が大量に流れます。正確で、タイムリーな情報は本当に貴重です。先の日米都市防災会議で、被災時における住情報の提供も議論になりました。カリフォルニア州の危機管理官から、被災時には各市町により掲示板、拡声器、広報誌、マスコミ活用など多様な方法がとられるが、最も効果的なのはＮＰＯ(非営利組織)によるものだとの発言がありました。アメリカでは、ＮＰＯが大きな役割を果たしていることがうかがえます。

多くの情報から、その人、その地区にとって必要な情報を選択し、何が重要でどのような選択肢があるのか、専門的な「処方箋」をタイムリーに提供することが必要なケースも多く、時には専門家の役割が必要になります。阪神・淡路大震災では、行政・公的団体による相談窓口・専門家派遣が実施されたほか、弁護士会・建築士会などの専門家団体による支援機構が組織され、活躍しました。渦森団地17号館のケースは、専門家である天宅さんと住民との協働が実を結んだもので、今後の専門家のかかわり方、行政との連携など教訓になる内容が多いと思います。また、コミュニティの合意形成では、皆でこの情報をきちんと共有することが重要だと考えます。

分譲マンションは、神戸市において全住宅戸数の約二割を占め、渦森団地のある東灘区ではいわゆる賃貸マンションを含めると七割以上になり、都市住民の活動を支える大切な生活の器になっています。マンションというと、耐火扉によって隔離された住戸のなかで、利便性の高い快適な生活が、個々に営まれているだけと考えられがちですが、日頃の管理運営や防犯・防災などに対応できるコミュニティづくりがなにより大切になります。このことは、マンションに限らず、大都市の密集市街地にもあてはまると考えます。個別敷地での再建が難しく、複数の敷地を同時に再建する共同再建が、神戸市内で一一七地区（約五〇〇〇戸）で実施され、マンション再建と同様に、コミュニティの合意形成が重要になりました。大都市圏においては、向こう三軒両隣の範囲が、安全・安心を維持するための運命共同体としての原単位といえるかもしれません。

日本は、超高齢化社会をむかえ、住宅もストック管理がより重視される方向です。身近な地域やマンションがおおきな問題に直面した場合、どのように解決したらよいのか。具体的な対応の課程で、マニュアルにない多くの「知恵」が現場で生まれます。大震災の前ですが、渦森団地と同じ面的開発団地である、鶴甲《つるかぶと》団地の分譲マンション群では、狭い住戸面積に対応するため、当時公営住宅でおこなわれていた「一室増築」が多くの住棟で実施され、ひとつのムーブメントになりました。同様の問題に直面した他の市民にとって、このような「知恵」は大いに参考になると思います。

神戸市では、平成一二年度にマンション管理について市民からノウハウを募集し、「マンション管理　私の知恵　みんなの知恵」という冊子を発行しました。また、平成一六年三月に管理組合有志が運営する「神戸管理組合ネットワーク」が組織され、交流をとおした活動が進められています。市民の参画による「情報」と「知恵」の共有が、これからすまい・まちづくりを進めるキーワードになると考えます。

村上さんをはじめ、多くの市民の方々が震災のなかで得た経験が、貴重な「情報」や「知恵」となり、より多くの方に共有されることを期待いたします。

第4章

建替え事業に向かって合意を作り上げる

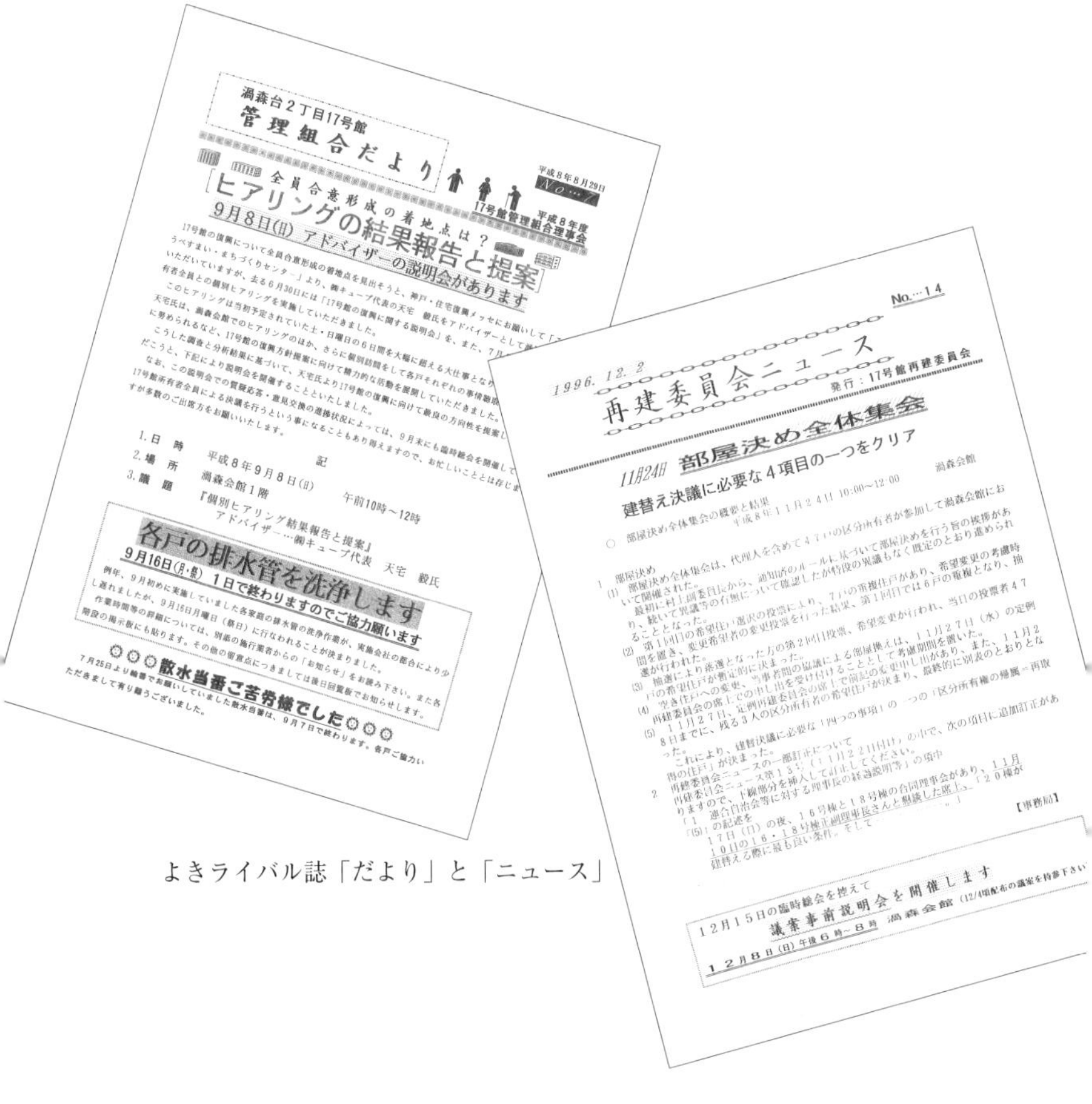
渦森台2丁目17号館
管理組合だより
平成8年8月29日
No…7
17号館管理組合理事会
平成8年度
全員合意形成の着地点は？
「ヒアリングの結果報告と提案」
9月8日(日) アドバイザーの説明会があります

17号館の復興について全員合意形成の着地点を見出そうと、神戸・住宅復興メッセにお願いして「…うべすまい・まちづくりセンター」より、㈱キューブ代表の天宅　毅氏をアドバイザーとして派…いただいていますが、去る6月30日には「17号館の復興に関する説明会」を、また、7月…有者全員との個別ヒアリングを実施していただきました。
このヒアリングは当初予定されていた土・日曜日の6日間を大幅に超える大仕事となり…天宅氏は、渦森会館でのヒアリングのほか、さらに個別訪問をして各戸それぞれの事情聴取…に努められるなど、17号館の復興方針提案に向けて精力的な活動を展開していただきました。
こうした調査と分析結果に基づいて、天宅氏より17号館の復興に向けて最良の方向性を提案し…だこうと、下記により説明会を開催することといたしました。
なお、この説明会での質疑応答・意見交換の進捗状況によっては、9月末にも臨時総会を開催して…17号館所有者全員による決議を行うという事になることもあり得ますので、お忙しいこととは存じま…すが多数のご出席方をお願いいたします。

記

1. 日　時　平成8年9月8日(日)　午前10時～12時
2. 場　所　渦森会館1階
3. 議　題　『個別ヒアリング結果報告と提案』
アドバイザー…㈱キューブ代表　天宅　毅氏

各戸の排水管を洗浄します
9月16日(月・祭) 1日で終わりますのでご協力願います
例年、9月初めに実施していました各家庭の排水管の洗浄作業が、実施会社の都合により少し遅れましたが、9月16日月曜日（祭日）に行なわれることが決まりました。
作業時間等の詳細については、別添の施行業者からの「お知らせ」をお読み下さい。また各階段の掲示板にも貼ります。その他の留意点につきましては後日回覧板でお知らせします。

散水当番ご苦労様でした
7月25日より輪番でお願いしていました散水当番は、9月7日で終わります。各戸ご協力いただきまして有り難うございました。

No.…14
1996. 12. 2
再建委員会ニュース
発行：17号館再建委員会
部屋決め全体集会
11月24日 部屋決め全体集会
建替え決議に必要な4項目の一つをクリア
渦森会館

○　部屋決め全体集会の概要と結果
平成8年11月24日 10:00～12:00

1　部屋決め
(1)　部屋決め全体集会は、代理人を含めて47戸の区分所有者が参加して渦森会館において開催された。
最初に村上副委員長から、通知済のルールに基づいて部屋決めを行う旨の挨拶があり、続いて異議等の有無について確認したが特段の異議もなく既定のとおり進められることとなった。
(2)　第1回目の希望住戸選択の投票により、7戸の重複住戸があり、希望変更の考慮時間を置き、変更希望者の変更投票を行った結果、第1回目では6戸の重複となり、抽選が行われた。
(3)　抽選により落選となった方の第2回目投票、希望変更が行われ、当日の投票者47戸の希望住戸が暫定的に決まった。
(4)　空き住戸への変更、当事者間の協議による部屋換えは、11月27日（水）の定例再建委員会の席上での申し出を受け付けることとして考慮期間を置いた。
(5)　11月27日、定例再建委員会の席上で前記の変更申し出があり、また、11月28日までに、残る3人の区分所有者の希望住戸が決まり、最終的に別表のとおりとなった。
これにより、建替決議に必要な「四つの事項」の一つの「区分所有権の帰属＝再取得の住戸」が決まった。
2　再建委員会ニュースの一部訂正について
再建委員会ニュース第13号（11月22日付け）の中で、次の項目に追加訂正がありますので、下線部分を挿入して訂正してください。
「1　連合自治会等に対する理事長の経過説明等」の項中
「(5)」の記述を
17日（日）の夜、16号棟と18号棟の合同理事会があり、11月10日の16・18号棟正副理事長さんと懇談した席上、「20棟が建替える際に最も良い条件。そして…」
【事務局】

12月15日の臨時総会を控えて
議案事前説明会を開催します
12月8日(日)午後6時～8時　渦森会館（12/4頃配布の議案を持参下さい）

よきライバル誌「だより」と「ニュース」

再建委員会という大きな組織

わがマンションの建替え事業は、被災一〇ヶ月後の建替え方針決議から始まったと言えます。応急の補修から復旧委員会による情報収集と検討の積み重ねへと歩を進め、いよいよ外部の力が入り具体的な計画の検討が進むのです。

もちろん正式な建替え決議や解体合意はまだまだ先ですが、それらが通過儀礼となるように、きちんと住民全体の合意を作り上げるのが再建委員会のミッションでした。賛成派と反対派の区別ではなく、全員が参加できるマンション建替えにしなければなりません。いよいよ胸突き八丁ですが、これがとても長かったことも事実です。何せ建替え決議まで、その後一年かかりましたから。

でも、ここへ来て楽しいことも生まれ始めました。自分の住まいのこれからを考えることは、とても素敵なことです。大げさですが、ようやく活動に夢が生まれてきました。目指すは自分たちのマンションの復旧ですが、どんな姿にするかというのは自分たちが決めるのです。建設工事が始まればあとはプロの仕事ですが、それはマンション住民の夢の実現でもあるはずです。住民の半数近くが再建委員として活動を始めようとしていました。組織も立派なもので、座長以下横並びの復旧委員会が遠い昔のようでした。委員長・副委員長・事務局の下に専門部会を置き、まるでスポーツイベントの開催組織みたいですが、確かに二〇億円に近い大プロジェクトの検討組織ですから当然とも言えます。

委員長は理事長が兼務、副委員長は、次期理事長候補と総務広報部会長が務めることになりました。事務局は五名、総務広報部会は一〇名、事業検討部会は九名です。兼務を含めて総勢二一名が再建委員に就任したのです。元復旧委員は、全員がこれまでの経緯に詳しい者として、各部会で牽引車役を務めることになりました。今後は、どこへ行くにも再建委員の肩書きです。名刺を作ることも真剣に議論しましたが、さすがに行き過ぎではないかという意見で止めました。でも、本当にそれくらいの意気込みだったのです。筆者は委員長と事務局以外すべて兼務することになり、復旧委員会よりもしんどい目に遭うことを覚悟し、それは見事に的中しました。

みんなが再建委員会に参加することの意味

きちんと明文化された、各組織の職務分掌を見てみましょう。

事務局

外部専門機関、行政、企業との折衝に関する事項
委員会の目的達成のための必要業務と費用の支出

総務広報部会

建替え事業を早期に実現するための区分所有者の意思統一
区分所有者への説明・意見聴取・調整
建替え事業計画に伴う周辺関係者等との折衝に関する事項

事業検討部会

建替え事業についての調査、企画、設計に関する事項

建替えの事業計画案の具体化とその推進

何だか行政組織みたいですが、やることは明確です。マンション管理運営のさまざまな局面にも応用できそうな職務分掌です。組織と再建委員が固まるまでに、理事会と復旧委員会で十分時間をかけて議論を尽くした結果です。アクションを始める前の準備にくどいほど検討を加えるのは、もう慣わしのようになっていました。

再建委員会の軸は、事業検討部会のはずですが、それよりも総務広報部会に重きを置きました。理由はもちろん、復旧委員会の活動経験です。ここが、当館建替えの大きなポイントです。具体的検討が始まれば、その情報の発信と共有はますます重要になるはずです。だから、副委員長も総務広報部会長が兼務することになったのです。

まるで脇役のようになった事業検討ですが、実は筆者は、もうこれで大丈夫だと思いました。部会長のY・Tさん、いまだに「ボス」とわれわれに呼ばれているこの人物は、大手広告代理店勤務で、建築家やゼネコンにもコネがあったのですが、復旧委員時代も、それを利して独断専行するような人ではありませんでした。いつもニコニコ笑って話はうまく、お酒を飲めば歌までうまい。一人でリーダーとなって建替え事業くらいやってしまいそうな人が、ようやく底力を発揮するのです。先頭に立ってグイグイ引っ張るリーダーではなく、皆を後ろから力強く支えて押してゆくという役回りです。

そんなY・Tさんが部会長を務めるので、具体的な事業計画に心配はありませんでした。しんどいのは総務広報です。復旧委員会同様の仕事に加えて近隣対応まで増えています。団地全体の中で、われわれの建替えを考えてゆこうということです。最後には建設計画の近隣説明まで担当し、筆者の頭はますますゴマ塩になりました。

扇の要の事務局長はE・Kさんですが、これは文句なしに適任でしょう。議事録作成に代表される地道な仕事と段取りと、そして論理的な思考で住民全体の意識レベルを押し上げてくれました。

こんなに多くの人が参加すれば烏合の衆、決まることも決まらなくなると傍目からは見えるでしょうが、そうではありません。今回ばかりは、自分たちの運動エネルギーをどんどん大きくしなければなりません。理想は住民全員の再建委員会参加です。自分の家の将来を考えるのに、受身であることは許されません。それを共有するのが再建委員会でした。

素人とはいえ、復旧委員はすでにかなりの知識と知恵を身につけていました。そこに他の素人住民が加わることによって、間違いなく組織と運動の層は厚くなります。最初は会合に出て発言できなくても、その様子を家に帰って話題にし、井戸端会議で取り上げるだけで十分です。そこから議論が始まることを期待したのです。

再建委員会の仕事——震災一年後にしてやることは山積み

復旧方針が決まったことは、団地全体、すなわち連合自治会に報告することにしました。17号館代表として出席していた女性副理事長のN・Iさんは、堂々と宣言を終えました。とりあえず申し込んだまま放置していた公費解体についても、役所からは意思確認の督促を受けていましたので、「検討中」として、申し込みの引き延ばしを続けることにしました。

建替え方針決議に賛成しなかった人たちとの対話こそ重要です。お互い乗り気のするものではないし、まかり間違えばこれが対立を生みます。絶対に賛成派と反対派という見方に陥ってはなりません。その理由を聞いて、どうしたらそれが解決できるかという打ち合わせが必要でした。

建替え方針決議に賛成した人からも、情報提供が少ない、検討が足りないという意見が出てきました。いつも言われることですが、情報を出す側はすべて出していても、受ける側はそうは思わない。立場が違えば被災の度合いも違うというのは、むしろ筆者の持論です。それを考えると、やみくもに想いを統一することに腐心するより、情報収集と発信にこれまでより力を注ぐことこそ重要です。打ち合わせで結論が出たわけではありませんが、意見交換だけでも大きな収穫です。堅苦しい場ではなく会話の継続が必要なことに、だれも異論はありませんでした。

一方ここへ来て、神戸市住宅供給公社からデベロッパーを引き受けても良いという趣旨の連絡がありました。分譲したところが建替えを引き受けてくれれば最高です。しかも民間ではなく公的機関なら、途中で倒産することもありません。

デベロッパーというのは、建替え事業の重要な登場人物ですので、少し説明しましょう。今回の建替えは、われわれ住民が事業主体となります。正確には被災建物を解体した時点で管理組合は解散して、新しく再建組合という任意団体が作られます。デベロッパーはそこから依頼を受けて再建事業を代行し、事業資金の立替や余剰床の販売など、住民には実施が困難なことをやってくれるのです。いったん住民からごっそり17号館を買い取って再建事業を行い、完成後にまた住民に売り渡すというやり方も考えられます。これは全部譲渡方式と言い、後で詳しく触れます。

自分の家なら自分たちでお金を集め、設計者やゼネコンと契約して建替えをやればよいのですが、ローンや登記状況など、マンションの場合は権利関係が複雑なため、自分たちですべての事務作業をやるのは大変です。また、余剰床を確保して住民負担を下げることを考えたり、建替え決議前の事業検討から資金計画もやってくれる事業協力者がデベロッパーなのです。

これは大事なことですが、工事を請け負うゼネコンが何でもやってくれると思ったら大間違い。彼らは建てるだけ、設計者は設計するだけ、コンサルタントはアドバイスするだけです。力のあるゼネコンは計画から設計施工までやってくれますが、一社に任せてしまうことはコスト的にも品質的にも不安だったので、やはりデベロッパーに間に入ってもらい、設計者・ゼネコンと牽制させながら事業を進めるのがベストであると考えていました。

この重要な役割を公社が引き受けてくれるということで、ちょっと嬉しくなって再建委員会委員長と各部会長が、すぐに出向くことになりました。公社の担当者は、「渦森団地を売った手前、道義的に再建の手伝いをしなければならない」と、はっきり言ってくれたのですが、われわれには何の事業計画も青写真もありません。これでは彼らこそ困るわけです。公社が積極的に取り組むという事前情報だったので、何もかも彼らがやってくれると考えたことが甘かった。さらに「住民の合意形成は住民で」、「近隣の了解は住民で」と言われて、やはりお役所は……と、われわれはすっかりしぼんでしまいました。公社が看板になって動いてくれれば、明日からすべてがうまく行くというのは、虫が良すぎました。われわれが最も重きを置く、建替え前の全員合意構築という難題への目の覚めるような回答は、そうたやすく得られるものではありませんでした。

住民が建替え判断を下すための事業計画が、住民の合意がないと作成できないというのでは、完全な行き詰まりです。公社を辞したその足で、事業検討部会長Y・Tさんの人脈を頼って、公社から歩いて一五分の復興メッセを訪ねました。

神戸市の主催であるメッセの担当者は、話を聞いて、「メッセなら手伝えるかもしれない」と答えてくれました。メッセが再建に関わることを前提として、加盟するゼネコンに事前に事業計画を作成させることができそうです。これはありがたい。この計画に住民が合意すれば、ここで公社をデベロッパーにするという方法もあります。やはり民間の血が混じると、大いに脂ぎってきます。

年が明け、あらためて再建委員会メンバーでメッセを訪ねて「事業協力者選定の検討会」を実施しました。われわれの考え方はこれまでどおり。

(1) 経費がかかっても住民が具体的に検討できる建替えプランを作って欲しい。
(2) 建替え方針決議で賛成しなかった方も、建替えを詳しく検討して欲しい。
(3) 余剰床販売も含んでデベロッパー機能が必要である。

単なる建替え相談ではなく、建替え合意へ向けての指針が欲しいのです。建替えについての正確な判断材料が必要なのです。

これに対して、メッセの回答は十分にスジが通っていました。

(1)設計は再建支援ということで実施できる。それをデベロッパーやゼネコンに示して見積をとれば仕様も金額もわかる。

(2)建替えへの説得はできないが、少しでも具体的なプランを出して、検討に供することはできる。

(3)一六戸程度の余剰床販売では、デベロッパーにとってもうまみはない。ゼネコンは乗ってくれるだろうから、公社を看板に立てるのは得策である。

17号館に残存する詳細な設計図面を提出して、まずは設計してもらうことになりました。メッセからは多くの質問がありましたが、われわれが答えたのはいつものとおりのわがマンションの持論です。

(1)17号館住民はもちろんのこと、近隣にも祝福されるプランにしたい。すなわち団地全体への地域的な配慮が必要である。

(2)今後一〇年二〇年経過して団地に建替えの話が出た時、先行した17号館がみすぼらしくないようなプランにしたい。すなわち時間軸的な配慮も必要である。

(3)マンションの価値の一つである流通性をも持った、適切な価格のプランにしたい。そうでなければ住民の入替えがなくなり、偏った年齢構成のマンションになってしまう。

復旧委員会時代の多くの勉強で、建替えが必ずしも補修との費用比較だけで決まるものではないことはわかっていましたから、視野は随分広がっていました。近隣のことや将来の自分たちのマンションのあり方などについても、考えるだけの余裕ができていたのです。

再建委員会ニュースのライバル登場――管理組合だより

さて、これまでの重要な広報メディアであった復旧委員会ニュースは、同じ趣旨の再建委員会ニュースに後を譲りました。編集は筆者ですが、たった一枚の広報紙もなかなか大変でした。その発行ペースたるや月一回に届くかどうか。それでも投稿の呼びかけには、反応をもらっていました。いわく「情報とは、情けに報いると書く。情報の提供者は五〇軒全員」、「中国雲南省大地震に、一人でも一軒でもより強く力を分かち合えるよう、善意を寄せ合いたい」などという声が、再建委員会ニュースのコラムとなって、館内に流れてゆきました。

しかし、ここに「管理組合だより」という、強力なライバルが現れたのです。管理組合理事会は、地震から二回目の理事交替時期を迎えていました。女性が大いに力を発揮したT理事長のチームは、混乱期の復旧方針の舵取りを終えて、九六年度の理事チームに引き継がれました。このチームはベテラン住民ばかりの理事会でしたが、F理事長たるや、議事の進め方が本当にうまかった。検討から実行へと復旧が大詰めを迎えてゆく中での適役でしたが、思えばこの頃から病魔が潜んでおり、それが炎となって彼を駆り立てたのかもしれません。新しいマンションへの入居後数ヶ月をおかずにF理事長を喪ったことは、われわれ最大の損失でした。彼を、あちこち引っ張りまわした筆者など、悔やんでも悔やみきれません。

筆者と同じ階段でもあったF理事長との思い出を書くときりがありませんが、その一つが管理組合だよりです。理事会活動を中心として、再建委員会ニュースとは別の切り口で、17号館の暮らしの中の話題を含めてF理事長が速報したのです。当館二〇数年の歴史の中でも画期的なことでした。

その風貌からはちょっと想像しにくいのですが、「花占い」の話を建替えと補修に置き換えて、二者択一の難しさと結果の持つ大きさを説明するなど、これには「やられた」と思いました。やはり広報はこうでなくてはなりません。

それからは、「だより」と「ニュース」の激しい対決が続きました。だよりはレイアウトも上手で、色つき用紙に印刷されていました。掃除当番やゴミ出しのことなど、話題も身近でやわらかい。しっかりと理事会や再建委員会活動の結果も入れてある。読ませるテクニックはなかなかのものです。かたやニュースは、内容が固く論文みたい。ただ、再建委員会活動の進捗報告だけは負けたくないし、本家・総務広報部会としての意地もある。できるだけやさしく広くと心がけたのですが、E・Kさんの議事録とF理事長のだよりに挟まって、ニュースの発行には随分頭を痛めました。

わがマンションに降ってわいたこの勝負の勝敗はわかりませんが、最後に残ったのは管理組合から再建組合に名前を変え、再入居まで発行されただよりでした。こんな争いや対決は大いにあってよいと思います。足の引っ張り合いではなく、情報の発信と共有という同じ目標に向かった、高めあいの競争だったからです。この競い合いが復旧事業に多少なりとも寄与することがあったとすれば、競技者としての筆者にとって望外の喜びです。発行直前にお互いの内容について腹を探り合って、こっそり修正を加えていたのも、F理事長との本当に楽しかった思い出です。

第三者のアドバイス――いよいよのっぴきならない状況の認識

いよいよ復興メッセが動き出し、事業としての復旧が射程に入ってきたので、もっと強力なコンサルテーションが必要となってきました。

メッセで作成してもらった「絵」、すなわち何案もの図面も出てきました。現状のまま五〇戸で建替える案の他、最高で七四戸まで増床する案も、実現可能として俎上に乗ってきました。このことは、当初の予想に反して、かえって住民を選択の迷いに追い込んだかもしれません。そこで、メッセの顧問を務める都市計画コンサルタントで、渦森団地に程近いマンションの住民でもある太田尊靖さんを講師にお招きして「17号館の将来を考える懇談会」を開催することにしました。

都市・計画・設計研究所代表取締役でもある太田さんは、見るからに場数を踏んだ百戦錬磨のコンサルタントでした。三月に開催されたこの懇談会も、E・Kさんの手になる講話録で、まるで昨日のことのように頭の中に再現できます。

(1) 壁構造の17号館の建物は、ラーメン構造の太田さんのマンションよりむしろ壊れていない。
(2) 太田さんのマンションは増床して建替えることができず、徹底的に補修して元に戻した。
(3) 17号館の場合は地盤の動きが問題で、本当にこれを元に戻すなら大変な補修となる。

(4) 一人でも反対という人がいると建替えはできないので、建替えを望む人は出てゆくものである。それを安く買って入ってくる人による混乱を考えると、必ず全員一致まで話し合うことが必要。

(5) 北側が道路で立地条件もよい17号館の特権を生かして、高齢化に対応したマンションに生まれ変わるのも一案である。

(6) やがて訪れる渦森団地全体の建替え問題が具体化するまで待つのも一案だが、二〇棟全体の合意は恐らくとてつもなく難しいと思われる。

ご自身のマンションを中心になって補修された太田さんのお話は、説得力がありました。そうせざるを得なかったマンションが他にも多くありましたので、そのことを少し書いておきます。

いわゆる「既存不適格」という問題です。自分の土地なら何を建てても良いという訳にはゆかないのです。行政の定める建ぺい率（土地に占める建物の比率）や容積率（土地に占める建物床面積の比率）を守らねば建築は認可されません。建替える場合は、現在の規制を守らなければならないのです。

太田さんのマンションでは、建築後の法律の見直しにより、建替えると現在五階建てのものが三階になってしまい、半分近くの住民が建替えたマンションに帰れないのです。今回の地震では、多くの建替えにおいてこの不幸が白日の下にさらされました。古い建物は、法律さえ想定していなかった地震による倒壊に遭っては、新築建物として再建するしかありません。そうなると現在の規制から逃れようがないのです。だから太田さんは、自分のマンションは徹底的に補修して一〇〇年持たせると言い切れるのです。でもその一方で、排水管の腐食やエレベータが無いことによる不便など、長期的ランニングコストや社会的な寿命を検討する必要性も強調してくれました。建ぺい率や容積率に大きな余裕のあるわれわれのマンションだからこそ、考えなければならないことがあるということです。

たしかに外部からのアドバイスは、もうかなりたくさん貰っていましたが、共通しているのは、必ず内部で話し合いみんなで合意すること。結局、投げた石はすべて自分に跳ね返ってきます。決して怒鳴りあったり喧嘩をするわけではないのですが、地震後一年以上が過ぎ、とりあえずの補修を終えたわがマンションの時間の流れは、これまでより確実に遅くなりつつありました。再建委員会の議論も、少しずつ煮詰まってきつつありました。

忘れた頃にやってきたのが、公社の調査報告書でした。筆者が理事長だった頃、大規模修繕を睨んで正確な調査を申し込み、地震のために宙に浮いていたものです。これを蒸し返して一九九五年末に実施してもらい、四月になって報告書が届いたのです。これは建替えに関係ありませんので、まさに補修の検討となります。しかも傾いた西側半分のジャッキアップなどは含みませんから、地震がなくても早急に実施しなければならないことばかりです。これによると、外壁面の一五％のモルタルに浮きが見られ、バルコニーにも雨漏り跡が多数発見されるなど、思ったより表面の傷みが大きいことがわかりました。あちこちのひび割れ部分から中に雨水が入り込み、鉄筋が腐食する危険性が高いことも指摘されていました。

浮いたモルタルを剝がれ落ちないように固定したり、樹脂を詰めて雨水が入り込まないようにするのは大工事です。当館くらいの規模の外壁塗装工事だけなら、一〇〇〇万円から二〇〇〇万円くらいと見られていましたが、公社の見積書には五五〇〇万円あまりの金額が記載されていました。やはり、地震による外壁部分の傷みも大きかったのです。一戸あたり一〇〇万円を超えます。本格的に傾きを無くす大規模補修であるジャッキアップが、T工業の見積では一億六〇〇〇万円を超えていましたから、合わせると一戸あたり四〇〇万円を軽く超えてしまいます。工事期間の仮住まいや引越し費用などを考えると、五〇〇万円すら超えるでしょう。

いよいよのっぴきならない状態になってきました。マンションの傾きによる体調不良を訴える人にとって、外壁補修では根本対策にならず、それこそ捨て金です。このままで問題ないと考える人にとっても補修にしては莫大な支出です。大規模補修か建替えかという選択が実感をもって突きつけられることになりました。

居住者以外に話を聞いてもらうことの重要性

五月には、再び方針決議で賛成されなかった方との懇談会を開きました。今回は、太田さんをはじめ復興メッセからも参加してくださいました。これには二つわけがあります。住民同士だとなかなか言いたいことも言えませんし、遠慮も入ります。これでは後味が悪くなるからです。もう一つ、本当の17号館の姿を外部の人たちに見てもらいたかったのです。そして、これによって、彼らから少しでもより良いアドバイスを引き出したかったのです。藁にもすがるということでしょうか。

あまり多くの人の中だと話しづらいので、再建委員会の役員が同席し、みなさんの不安点について議論が行われました。三月以降に画期的な情報や展望の変化はなかったので、前回より突っ込んだ会話となりましたが、これは建替えを望む人たちにとっても大変勉強になるものです。一律の資金負担は決して平等なものではないことや、再開発で用いる地区外転出、すなわち事業には参加するがそこには住まないという手法も採用できることなどが確認されました。今、住んでいるのだから建替える必要はないという素朴な考え方と、建替えることでこれからもみんな一緒に住んでゆけるという考え方の歩み寄りの難しさを痛感すると共に、ゴネてたくさんのお金を貰おうとか、建替えの足を引っ張ろうなどという人たちがいないことも、実感しました。やはり、みんなここに住みたいのです。

筆者は、館内のみならず近隣のどこかで、「建替え派が突っ走っている」とか「情報操作している」とか、心外なことを言われていたに違いありません。意見の相違があるところに当事者として巻き込まれているのだから、当館住民全体がかなり複雑な心情になっていたことも間違いありませんが、でもここで感情的になったら、怒鳴りあい以上のものが絶対に生まれないことは、明白でした。合意形成というのは、無理やり相手の考え方を変えるのではなく、十分に理解しながら妥協してゆくものだということがわかり始めていました。

ここで見えてきたのは、神戸市の「アドバイザー派遣」という一歩進んだ手法でした。ビジネスとして、何よりも第三者として話を聞いてくれ、建替えという大枠の中でどんな手立てがあるか、とことん検討するということです。アドバイザーの意見を聞いて理解度が高まると、ここで初めてコンサルタントの登場となります。つまり、デベロッパーと住民との間に入り、がっぷり四つに組んで意見調整しながら建替え事業を進めてゆくわけです。まだ、とてもそんな状況ではありませんから、みんなの気持ちを一つにするということに、まず軸足を置いたのです。

アドバイザー登場――マンション住民へのヒアリングと今後への提案

六月に入って、いよいよ運命の出会いです。メッセを挙げてのサポートのもとに、アドバイザーとして紹介されたのが、株式会社キューブの天宅《あまやけ》毅さんでした。これまで岸部さんが進めてきてくれたこと、太田さんが教えてくれたことをすべて引き継ぎ、彼が軸となってこれから実施するのは次の三つでした。

(1) 調査
個別ヒアリングで17号館住民の想いから経済的状況までを把握する。
借り入れや抵当権の状況まで、絶対的守秘義務の下にすべて把握する。

(2) 分析
17号館住民の希望・資金・権利関係に基づき、着地点を検討する。
メッセをはじめ、多くの知見を集約する。

(3) 方向性の検討
補修・建替え双方について、プラン・スケジュール・事業収支・個別資金計画について提案をする。

これまで何度もやっているようなことですが、第三者が客観的に実施するということです。まだ着地点は見えていませんが、狭いフェアウェイを刻んできた自分たちのマンション復旧という敗者のない競技は、大詰めに来ていました。七月に個別ヒアリング、八月に分析、九月に方向性決定というスケジュールでしたが、地震後すでに一年半を過ぎていました。

当館の住民はおしなべて天宅さんに好意的でしたが、われわれ再建委員会の役員は、しばしば彼につらく当たっていました。若くてバイタリティーがあることの裏返しでもある、彼の生活者としての経験を問題にして、「マンション住民となって家族と暮らした経験も無い者に、自分の住まいが語れるか」とか、「論理や図面だけで話をまとめるな」などと、飲んでも素面でも励ましの議論を挑んで想いを共有してもらおうとしていました。最初から造り与えるのではなく、住民の意見を聞きながら相手を満足させるという、おおよそ普通では考えられないマンション造りに、共に挑むことになるからです。

その後、この経験を活かして、彼は多くのプロジェクトをまとめ上げています。口の悪いわれわれに、「俺たちを踏み台にした」といまだに言われてかわいそうではありますが、天宅さんはその後長きにわたって、われわれの理解者になってくれています。

六月末には住民全体に対する説明会を開催し、一戸あたりたっぷり一時間を目処とする個別ヒアリングの予定表も配布されました。この時太田さんが、17号館の復旧を四案に分類してそれぞれの長短を表にして解説してくださったことは、頭をすっきりさせるに十分でした。

(1) 全面補修
(2) 部分建替え(西側二〇戸のみ)

(3) 全面建替え
(4) そのまま放置

その中でこれまで無かった視点が四項。あってはならないことだが補修も建替えもダメという状態、これこそ近隣問題となる。つまり、17号館が店ざらしとなることで、団地全体の品位・価値が下がるということ。なるほど、そういう見方もできるわけです。近隣の反対を恐れて建替えができないと憂うより、近隣を考えて建替えを行うという視点を教わりました。

「建替えか補修か」という対立に陥り動きが取れなくなったマンションからは、「神戸市の派遣するアドバイザーは建替えをあおる」とか、「補修について十分検討していない」という声が聞こえてきます。同じ話を聞いても受け取り方が違うのは当然ですが、次のステップが大事です。鵜呑みにせず、自分の頭で検証することの重要性は書きました。自分の住まいのことなのだから、アドバイザーを含めてすべての力を利用しつくすという強い気持ちが必要だと、今あらためて思います。アドバイザーはプロですが、素人を完全に納得させるのが本当のプロです。筆者など、天宅さんの言いなりになるなんて、一〇年間これっぽちも思ったことはありません。プロとしてのノウハウを搾り取ってやろうと、いつも思っていました。だから、今でも一杯入ると激論になることが多いのです。

さて、筆者も住民の一人として天宅さんのヒアリングを受けました。一五〇〇万円以上のローンが残っており、建替えとなれば、いったん現状の持分を売り渡しても完済できず、抵当権抹消のためになけなしの貯金の取り崩しが必要でした。建替え後のマンションの取得は、ゼロどころかマイナスからのスタートとなり、莫大な借金になることがはっきりわかりました。それでも子供たちのことを考えると今より広い間取りが欲しいというのが本音です。筆者は、最も経済的に厳しい層であることはわかっていましたから、天宅さんには「こんな住民でも建替えに乗れるような手法を考えろ」と、個人的に大いにハッパをかけたことは事実です。

わがマンションにとって二回目の熱い夏、七月に個別ヒアリングが終わった後、九月にアドバイザー説明会として、住民全員個別ヒアリングの結果報告と今後への提案が行われました。内容は次のとおりでした。

(1) ヒアリング調査結果報告

建替え　三九名

補修　六名

多数意見に従う　五名

各々の主張はあるが、資金的にも事業参画が不可能な人は無い。

(2) 構造調査報告

構造計算専門家の検討により、建物の水平方向の移動(五五㎜)による杭への影響は避けられず、調査の上、補強が必要。補修を実施するなら杭全数の調査が必要となり、この間及び補強工事中は17号館での居住は不可となる。

(3) 事業比較

補修の場合、調査費・工事費・外壁等の補修費が必要となる他、長期的に見ても、大規模修繕に備えて各戸月一万八〇〇〇円以上の負担が必要である。

建替えの場合、六階建て七五戸とするなら、現状の評価額約一四〇〇万円として同様広さの六二㎡なら一二〇〇万円、八五㎡なら二二〇〇万円、狭くするなら四二㎡で二八〇万円の追加費用と試算。

(4)　方向性提案

＊方針決議を実施すること。

これは、建替え決議の前段階のもので、ここでの未同意者には事業参加を求めるか、地区外転出をも検討するもの。

＊リフォーム等による内装の残存価値にばらつきがあるため、これを評価して、事業全体で負担すること。

とうとう本当の意味での復旧方針を決めることが、住民に突きつけられました。正確に区分所有法に則って実施されるべき建替え決議ですが、決議の有効性が訴訟の論点になっている現状も踏まえ、事前に建替え実施を確認し合おうということです。この方針決議で⅘の賛成が得られれば本物の建替え決議に向けて動き出し、そうでなければ補修か放置かをきちんと決めなければなりません。

全員合意を旗印にこれまで確実にステップを踏んできた再建委員会にも、最後の一線を踏み越えるときが来ました。もう調べるべきことは調べたし、判断材料も揃ったし、何よりもアドバイザーが五〇戸すべての考えを把握した上での判断です。

この頃、住民の間で議論され始めた、「けじめ」とか「踏み絵」というかなり厳しいことばに、今あらためて眩暈すら覚えます。でも、それが厳しい現実です。建替えを望む人にとっては、自分自身の意思確認であり、事業への決意表明です。ものすごい覚悟が求められるのです。建替えを望まない人にとっても、周囲の人たちの考えを噛みしめた上での判断が迫られます。これが多数決になじまない問題であることは当然ですが、決めなければならないことでもあります。マンションとしての意向を決めるのは、昔も今も管理組合総会しかないのです。

再び建替え方針決議

建替え方針決議は一九九五年一一月に一度実施しました。でもそれは、合意を作り上げるための活動方針決定と言ってもよいものでした。この時に復旧委員会が再建委員会にバトンタッチし、再建委員会の奔走が始まったのです。補修にも建替えにも偏ることなく、自分たちのマンションの復旧のためだけに本業も投げ出して情報を収集した復旧委員、建替えを前提にしながらも、その正当性の検証と比較のために補修についても情報収集し、住民全員に正確な判断材料を出すことに腐心した再建委員。何よりも彼らを支えた住民のみなさんは、この一年半余りの間に何を考えたでしょうか。傾いたマンションでの五〇〇日を超える日常生活は、やはり普通ではないでしょう。筆者を含めて勤めに出る人たちは、まだ救われたかもしれません。それに比べて二四時間傾いたマンションにいる人たちの疲れたるや、察するに余りあります。

個別ヒアリングでは、「構造上の不安は建替えを正当化するために大げさに言っている」、「理事会の進め方に不信感あり」という意見がある一方、「一〇年後には建替えへの参加は無理」、「傾いている家に住み続けることはできない」という切実な声もありました。たしかに建替えの方が持ち出す費用は大きく、体もしんどい。でも、そこへ向けての大きな一歩を踏み出す時は、確実に迫っていました。

それでも筆者には、五〇戸全員が参加する建替えが必ず実現できるという信念がありました。必ず理解と妥協はできるはずです。反対を賛成に転換するのではなく、みんなが合意したいのです。これまでの総会はもちろん、数々の集会や懇談会にも、みんなが参加して議論してきたからこそ、これは可能なはずです。賛成反対に分かれての争いの中からではなく、みんなの勉強と議論の中からは、お互いの理解と認め合いが生まれるはずです。

九月末に、本人出席四五名、委任状出席五名の全員参加で臨時総会が開催されました。この総会の重要性を皆さんが認識していたということがわかります。建替え方針決議については、やはり活発な意見がありました。

(1) 神戸市は建替えを強力に進める方向である。住むことができる建物の解体はおかしい。
(2) 近隣に迷惑をかけて、自分たちだけが新しい住居に住む訳にはゆかない。
(3) 建物が新しくなって追い出されるかもしれない弱者のことを考えるべき。

というような、建替えにくみしない意見もあれば、

(1) 被害の大小より基礎部分に問題があることが重要。
(2) 床が傾きゴルフボールが転がることで不安を訴える住民がいる。
(3) 補修か建替えかという認識の違いはあるが、これは生存権の問題である。

という、建替えしか手法はないとする意見もありました。

これまで話し合いを続けてきたとはいえ、個人の価値観に根ざした意見は、簡単に変わるものではありませんでした。経済的な問題なら、何とかなることはわかっていましたが、ことは単純ではありません。

理事長の、「決議後の作業過程で起こるであろう問題もあるが、仮定の議論よりもまずお互いの意思確認をしたい」という説明のもと、参加者の同意の上、賛成四〇、反対一〇で議案は可決されました。まるで示し合わせたかのように4/5の可決要件どおりの票数でした。でも今回の数字は、完全に建替えの賛否そのものを問うた結果ですから、事業への参加の意思表示とは別です。ここが重要なポイントです。このあたりの解釈はややこしいので、後ほど詳しく書くことにしましょう。いずれにせよ、記名投票で住民の意思は示されたのです。

わがマンションではフリートーキングと称して、総会の議事終了後に参加者全員で議論を行うという慣わしがあります。確かに総会は議決目的の集まりですから、それに直接関係しない質疑や意見は基本的には取り上げられません。そこで、審議や議決はしないけれど、意見交換や質疑応答を総会後に繰り広げるのです。ほとんどの総会でフリートーキングが行われしばしば白熱しますが、この時も多くの議論がありました。

今回は、復興メッセと天宅さんにも参加してもらい、疑問点や不安点などが話し合われました。

(1) 建替え決議と方針決議の違いは、法的に認められたものか否かということ。

(2) 建替え決議が成立しても、解体同意には区分所有者全員の実印が要ること。

(3) 仮住まいのあっせん、庭の配置などは当然未定であること。

(4) 住戸の選定はこれから参加者が同意して決めること。

若干気の早い質疑もありましたが、住民の多くが早くも引越しの時期や住戸の選定基準に想いをはせていることがわかり、筆者は少し複雑な気持ちでした。

今回の総会の中では、生存権という発言がありました。「すべて国民は、健康で文化的な最低限度の生活を営む権利を有する」と規定する日本国憲法第二五条第1項が生存権を謳っていますが、人間はその命を脅かされないだけではなく、人として生活するのに必要な一定の待遇を要求することができるということです。

この書き物で憲法や法律の議論をする気も能力もありません。しかし、実際に住み続けているマンションにおいて生存権という指摘が出たことは、建替えに対する一つの意見集約でもありました。たしかに、建物の傾斜が何ともないという人もいるし、マンションを流通品とは考えず資産価値など不要だという人もあります。しかし、同じマンションに住む人にはすべて等しく生存権があります。当たり前の話ですが、早く普通に暮らしたいのです。これは、すなわち地震直後の復旧委員会活動の目標に立ち返ったことになるのです。

建替えが生存権の確保なら、それを望まない人の生存権はどうなるのかという反論が出るでしょう。しかし、この意見は少しずれています。建替えの必要性を認めない人は、すでに生存権を獲得しているということですから、議論は別の舞台に移るはずです。むしろ恵まれているという捉え方もできるのです。少数派と言われた人たちがつらい目をしたという話は、他のマンションからも伝わっていました。わがマンションでもそうでしょう。しかし、ブレーキをかけ続けられていた多くの人たちの想いも、やはり忘れるわけにはゆきません。もちろん資金の問題は重要ですし、ただここに居続けたいという想いも理解できます。意を尽くしてこれらに対する解決策を考えなければならないのは当然です。でもここに住み続けながら、生存権を脅かされていると考える人は何とかしなければなりません。こちらの方がより根源的です。他所へ出て行って生存権を行使してください、とは言えないのです。やはり、普通の暮らしに「戻したい」という考え方に利があると思うのです。

その後生存権ということばは、当館において市民権を得ただけでなく、近隣に対してわれわれの想いを説明する時、筆者もしばしば使うことになります。普通の暮らしを取り戻すために建替えを選んだのだということを伝える、最も大切なキーワードです。

本当の合意を作るのは話し合いだけ

これまで強く建替えを望みながらも理性あるマンション住民だった人にも、少数とわかりながらも自分の考えをあらためて意思表示した人にも、建替え方針決議は極めて重いものとなりました。これを受けて再建委員会は次のことを決め、毎週水曜日が定例会議となりました。もう完全に後戻りはできないのです。五〇戸全員が参加できる建替えを実現しなければならないのです。

（1）今後の作業

建替えプランについてアンケートを実施する。

最終の残価について個別ヒアリング後決定する。

近隣対策として連合自治会にプランを説明する。

公費解体について神戸市と調整する。

未同意の方と話し合いを継続する。

（2）事業協力者選定

復興メッセの協賛企業に協力を依頼する。

事業はコンペ方式とし、17号館として業者を決定する。

（3）コンサルタント業務委託

これまでアドバイザーとして17号館復旧に参画し、内情を熟知するキューブの天宅さんを引き続きコンサルタントとする。

項目としてあげれば簡単ですが、確かに週一回のペースで議論しても、そう簡単には乗り切れそうもありません。

筆者が大船に乗った気でいた事業検討部会は、特に大変でした。本業のため毎日午前様だったY・T部会長も、水曜夜の例会だけは皆勤して話し合いをリードしてゆきました。でも、大事なことは、この例会は誰でも参加できたこと。E・K事務局長は、どんな集まりの場でも、みんなの参加を呼びかけました。建替え方針決議で反対しても、定例会議にはほとんど皆勤の人もありました。賛否の白黒を付ける場ではなく、事業をどうしたらよいかという議題ばかりだからです。

確かに、臨時総会の結果、敵味方に別れたようなムードがあったことは事実です。少数側になった人たちにとっては、針のむしろだったかもしれません。いくらきれいごとを並べても、やはり館内の人間関係には、論理だけでは割り切れないドロドロとしたものが漂っていました。でも本当にここがお互いにとってギリギリの踏ん張りどころです。

テープレコーダが二つ用意され、コンサルタントの天宅さんの前におかれたこともありました。二つの考え方をもった人たちにその場しのぎで話をすることが絶対できない状況を、彼は良い訓練だったと述懐していますが、当時の苦労を乗り切れたのは、やはり若かったからでしょうか。

ある時、「反対者にも言いたいことを言う権利があるはずだ」という言葉が出ましたが、この時ただの一回でも感情的に収まりがつかなくなってしまっていたら、当館はもっとマスコミに登場するような事態になっていたかもしれません。土俵際でみんなが我慢しあっていた、と言えば大げさでしょうか。でもこの我慢による苦しさより、これまで同様ここに住み続けるという想いの方が大きかったからこそ、今の暮らしがあるということも、結果論ではありますが、明白な事実です。

事業協力者の選定

建替え事業の成否を握るのは事業協力者の選定です。定例会議の中でも、この話題は大きなウェイトを占めました。ここでミスをすると、事業が迷走するどころか空中分解の危険性もあります。事業協力者は、完全にわれわれの想いを理解していなければなりません。その前にわれわれ自身が想いをきちんと共有するために、多くの時間が費やされました。決して建替え派の暴走という事態は許されません。かといって、反対派のゴネ得もあってはなりません。

情報が偏っているとか、建替え派に煽動されているという声も、毎週一回以上の顔を付き合わせた議論で、徐々に払拭されてゆきました。そんなことを言っている場合ではないのです。何が重要でそれをどうしてゆくか、皆が自分で考えて声にしてゆきました。その中でどんな議題についても理解が深まっていったと思います。皆が同じことを考えるのではなく、皆がそれぞれ考えているということが共有されるようになって来ました。

実際に事業協力者を募るにあたって、住民の総意として厳しい条件をつけました。

(1) 等価交換方式前提で、デベロッパー機能を有すること。
(2) 建替え未同意の住民・近隣住民との折衝能力があること。
(3) 工事期間中の仮住まいを斡旋できること。
(4) 抵当権抹消のための資金協力ができること。

虫が良すぎるといわれても仕方ありませんが、とにかくこれを条件に公募しました。手を挙げてくれたのは四グループでした。

(1) 大手不動産会社＋大手ゼネコン
(2) 中堅ゼネコン
(3) 住宅都市整備公団＋中堅ゼネコン
(4) 中堅管理会社＋中堅ゼネコン

提案の持つ意味を各社がどう理解しているか、この事業に対して各社がどんな想いを持っているかが評価ポイントだと、筆者は思っていました。この業界では、部材や工事費を集計して事業費を算出するよりも、先に坪単価いくらと枠を決めて、それを利潤も含めて各コストに分けてゆくということを知っていたからです。それにしても、よくもこんな事業に乗ってくれたものです。まだマンション内部も一枚岩になっておらず、近隣からどんな話が出てくるかもわからず、何よりも儲けになりません。たかだか二〇戸前後を販売しても利益はしれています。ましてや仮住まいのことや資金協力もせよと言われれば、普通は、ハイさようならです。

やはり、スーパーゼネコンは魅力でした。今回は一生で最大の買い物の建替えです。絶対間違いのない選択が必要でした。実績は抜群、事業の遂行能力が極めて高いことは明白でした。

中堅ゼネコングループは、すぐ近所で再建プロジェクトを経験していましたが、デベロッパーとしての機能や、総合的な事業としての取り組み意欲は少し落ちました。

デベロッパーの能力と機能

われわれから見てデベロッパーの能力で重要なのは，従前の資産をいくらで買い取ってくれるかということです．彼らも商売ですから，安く買って高く売りたい．でも住民は既存建物を高く買って欲しいし，安く買い戻したい．このあたりが駆け引きです．

また事業の途中でデベロッパーが倒産すれば，われわれは根無し草のまま放り出されます．新築時400万円余りで当館を購入した人はかなりの現金が手元に残りますが，バブル期に当館を購入した人は，莫大な借金は消えていません．こんな状態で事業が頓挫すれば，住むところがなくなったまま借金生活です．これは建替えを実施する住民にとって最も大きなリスクです．

マンションも新築のうちは年齢層や取得金額など，所有者の条件がかなり近いものですが，20年以上も経過すると，住民の条件がバラバラになります．デベロッパーの信用性と共に，現状のマンションの評価については，事業の開始前に十分理解する必要があります．

融資についてのデベロッパーの姿勢も重要です．建替え事業にあたって，ローンがある人はいったんこれを精算する必要があります．抵当権をはずさないとデベロッパーは買い取ることができないからです．そこで金融機関に相談して，すべての抵当権を抹消するために，つなぎの融資を受けることになります．

これも言うは簡単．本来金融機関は，抵当権を設定できないものに融資などしてくれません．そこで，デベロッパーが買い上げてくれればすぐに返しますという念書を入れて，短期間だけ融資してもらい，その資金で元からあったローンを完済し，抵当権を抹消することになります．当館の場合，幸いG社にはY銀行に太いパイプがあったので，Y銀行が一括して相談に乗ってくれることになりました．

マンションの取引価格が時価である以上，その金額にばらつきがあるほか，登記上の問題で遠いところにいる区分所有者がからんだり，権利上の問題が発生することはままあります．それだけに，建替え事業の開始前に十分問題点を理解し，解決しておく必要があります．建替え決議後では遅いのです．事業の遅れはもちろん，工事に着手できないマンションもあったと聞きます．最近ではこういう建替え準備のノウハウを持ったデベロッパーが増えてはいますが，そう簡単にデベロッパー任せで建替え事業が進むなどとは，ゆめゆめ思ってはなりません．

住宅都市整備公団が関わってくれれば、ありがたい話ですが、神戸市住宅供給公社の例がありましたから、公団におんぶに抱っこが最高の結果をもたらすとは限りませんでした。

残るは風変わりグループ。マンション管理を専門とするG社とF建設のコンビは、従前資産額の評価が最も高く、仮住まいにも対応し、余剰床の販売についても、旧区分所有者が住戸を決めた後の虫食い状態で販売するというのです。この頃、G社は、自社が管理していた被災マンションを建替えており、もう一丁とやる気があったらしいのですが、ハイリスクローリターンの事業として、経営層は大反対だったそうです。結果としては、この事業は彼らにとって祝福された事業になったのですが。

おわかりのとおり、G社グループが17号館の建替え事業協力者として、再建委員会にて決定されました。これを決めた一〇月の会合では多くの意見が出ましたが、最後は大手ゼネコンとG社の決戦となりました。投票をしたわけではなく、全員の意向は同じでした。面接時にも最も意欲的であったG社にお願いしようと決まったわけです。

厳密に金額や詳細仕様だけで協力者を決めることには、やはり問題があるでしょう。今回は人生最大の買い物ですが、まだモデルルームも図面もないのですから、大ばくちです。最近よくある上手なマンション購入法の指南ではありませんが、やはり誠意を買うということは大きなことです。

そもそも何千万円もするマンションが、チラシやモデルルーム、営業マンの甘いことばで売られてゆくのは信じられないことです。そういう売買に限って後で契約上の問題が発生したり、はては欠陥問題にまで発展することもあるかもしれません。大体安いものには訳があり、甘いことばには罠があります。

それを後からどうこういうのは、あまり賢いやり方ではないと思います。当事者責任をとやかく言うわけではありませんが、マンション一つ買うには相当な勉強と覚悟が必要だと思います。

自分たちの住戸を決めてゆく

再建委員会はじめ住民全員が徹底的にこだわったのは、再建マンションの仕様と間取りでした。復興メッセに「絵」を描いてもらって以来、数多くの計画図が住民に夢と混乱を与えてくれました。建替え方針決議後は、一〇種類もの間取りが提案されていましたが、来るべき建替え決議までに一応の住戸割をしておく必要があります。

現状程度の広さの間取りを中心に、狭くても負担の軽い間取りから、広くて負担の大きい間取りまで、各戸の希望をアンケートで聞きました。不思議だったのは、あれほど資金問題が重要視されていたわりには、狭い住戸を希望する人が少なかったことです。筆者の予想どおりでした。やはりバブル期の購入者が、当初購入のお年寄りに比べても負担が大きいということでしょうか。筆者は子供二人が思春期に入ろうとしていたので、何としても４ＬＤＫにしたかったのですが、資金面だけの理由で３ＬＤＫと逡巡していました。

毎週水曜以外にも間取り別の検討会を開催し、建替え方針決議時の賛否に関わらず、全員で新しいマンションの姿と、そこに暮らす自分たちをイメージしながら議論を繰り返しました。中でもわれわれがこだわったのは、名づけて「渦森仕様」です。北面の窓はすべてペアガラスにして冬に備える一方、開放的な団地環境を維持するために、流行のオートロックは取りやめました。また、できるだけ多くの窓を設けるために、吹き抜けを設置することも決めました。

筆者のように経済的問題を抱えていても、これらの議論に参加し多くの人の考えを聞くうち、自然に落としどころが見えてきました。天宅さんは辛抱強く間取りと戸数を調べ、建物全体のレイアウトを絞り込んでゆきました。希望住戸数をうまく割り振って六階建にまとめたのです。天宅さんの苦労には感謝しますが、その地に即したマンションを造るには、住民の意見が一番であることは当然なのです。

各間取りそのものも検討会を経て次々と仕様を変え、住民がマンション建設に参画してゆくことが実感できました。こんなことは、生涯経験できないでしょう。自分が設計したマンションに住むのですから。普通は販売会社や建設会社が決めてしまうことに、すべて住民が参加したのです。筆者の自慢は、壁の一部をあえてふすまにしてもらったこと。夏の風を通すため、家の中の開口部を大きくしたかったのです。同じタイプを希望する方の賛同を得て、天宅さんがすぐに図面を修正してくれたことは言うまでもありません。

その後の調整と住戸決め集会で、一一月末には無事住戸が決定しました。筆者は、当初希望の3LDKから八一㎡の4LDKに変更して今の住戸となりました。借金の上に借金を重ねることになりますが、もうこんなことはないという前提で決断するしかありませんでした。

一方、この住戸決め集会には、やはり悲喜こもごもの結末がありました。競合した住戸は抽選になりましたが、何人かは第一希望からはずれることになりました。再建委員会の核として活動してきた人も、

コラム

建替え事業方式の検討

マンションの建替えともなると，数々の手順が必要です．阪神淡路大震災に教訓を得て，建替え誘導だとか，スクラップアンドビルドをあおると言われながらも，区分所有法や関連する法律は整備されつつあります．

戸建てなら貯金が足りなければローンを組んでと，すべて個人が決めることが，マンションではそうはゆきません．建替え工事を請け負うのは普通ゼネコンですが，住民それぞれの事情があれば工事そのものが進まず，ましてや債権者が抵当権を差し押さえにやってきたら，もう工事は完全にストップです．

そこで区分所有者が，自分たちの土地・建物をいったんすべて事業者＝デベロッパーに売り渡し，デベロッパーがゼネコンに建設費用を支払います．設計事務所に設計費や監理費も払います．そして建替え工事が終わった後，事前の契約に従って，デベロッパーから新築マンションを購入するという形を取ることが多いのです．これを全部譲渡方式といいます．建物だけ売る部分譲渡などという方式もありますが，いずれにせよ事前に売り渡すことが大変なのは，当館で経験済み．

これも今では，建替え後買い戻すのであれば，現金まで用意しなくても良いことになりましたが，この間の手数料や金利のほか，税金の取り扱いについても大変ややこしく，多額債務者だった筆者は，何度も銀行に出かけて相談に乗ってもらいました．

このあたりに，デベロッパーを利用するメリットがあります．ややこしい作業の斡旋や調整をしてくれる他，一戸だけではない各種の相談をまとめてクリアにしてくれるのが，G社の仕事です．今回の建替えでは幸い余剰床がありますから，それを販売してわれわれの買い戻し価格を安くしてくれるのもG社の仕事です．

これに対して自主再建という手法は，デベロッパーを入れずに住民自身が建替え事業を進めます．従来管理組合は，ゼネコンとの契約相手になれませんでしたが，これも今では大丈夫．管理組合が事業主となって，ゼネコンに直接工事を発注しますが，実際には個々の資金事情があり，やはり住民に手続きの負担はかかります．

言いたいことは，事前に事業の進め方の調査検討と決定が必要であるということです．どこまで建替え決議前に段取りを済ませておくかということは，「建替え派の暴走」と言う以前に，大変大事なことです．事業フレームはバタバタと決めるようなものではないからです．

これには従わざるを得ませんでした。この住戸決めによって、建替え後の売却と転出を決めた人もありました。どこにどんな運命が待っているかは、やはりわかりません。

建替え決議への最終準備――手順は完璧に、でも運用はわれわれ自身で

ここで当時の建替え決議について、整理しておきます。これも法律の話ですのでちょっとやっかいですが、マンション建替え事業では避けて通れないことです。

おおよそマンションとその暮らし方においてすべてを律するといってもよい、「建物の区分所有等に関する法律」（通称　区分所有法）の第六二条に「建替え決議」があります。今は改正されていますが、当時は次のような条文でした。

第六二条　老朽、損傷、一部の滅失その他の事由により、建物の価額その他の事情に照らし、建物がその効用を維持し、又は回復するのに過分の費用を要するに到つたときは、集会において、区分所有者及び議決権の各五分の四以上の多数で、建物を取り壊し、かつ、建物の敷地に新たに主たる使用目的を同一とする建物を建築する旨の決議（以下「建替え決議」という。）をすることができる。

ここには、直すのに過分の費用がかかる時にのみ建替え決議ができると書いてあります。ちっとも具体的ではないので、われわれ素人に過分の費用なんて金額はおろか、その意味もわかりません。地震に

よる建替えなど区分所有法は想定していませんでしたから、客観的にそれを算出する方法も、金額を提示してくれる機関もありませんでした。

全壊してその建物の機能が完全に無くなってしまえば(これを全部滅失という)、区分所有関係も無くなってしまい、土地の共有者で再建なり売却なりを検討することになります。しかし、被災しながらも現存している(これを一部滅失という)建物が建替えを選ぶには、この六二条を適用するしか道が無いのです。「過分の費用」をクリアにした上で、建替えを決議するしか道はありません。

マンションの購入価格や、建替え後のマンションの販売価格は関係なく、「現状取引されている価格の半分以上」というのが、過分の目安だそうです。「建物がその効用を維持し、又は回復する」ために必要な費用が、これを上回った時にだけ、建替え決議をしてもよいというのです。当館に当てはめてみると、傾きの修正(ジャッキアップ)・二五〇本に近い基礎杭の調査と補修・外壁の補修等が必要でしょうか。でも、人によっては傾きの修正など不要でしょうし、別の人は、排水管等への地震の影響も考慮して将来にわたるランニングコストを加味せよと言うでしょう。ましてや、現状いくらで取引されるかという基準についても、売買していないのだからわかりません。これでは裁判への突入も理解できます。

やはり、住民全員が共通認識に立って理解しあうしかありません。地震後急遽作られた不動産鑑定組織が出した数字すら、間違いとして裁判を複雑にしただけという例もあります。そもそも、当館においては、杭の被害調査だけでいくらかかるかわからず、損傷具合によって補修費用も大きく異なります。仮定を積み重ねた議論が、空中戦に突入することは、間違いありません。地震の前日の近所のコミュニティを破壊しては、建替えも補修もありません。でも、現にわれわれは被災しており、復旧を必要としているのです。法律の遵守は机上の空論ではないのです。

幸いわがマンションでは、過分の費用をめぐっての大きな議論は起きませんでした。ジャッキアップだけでも一戸三〇〇万円を超え、杭の補修は確定的に算出できず、外壁の補修でも一戸あたり一〇〇万円を超えることは明白です。これに引越しと仮住まいの費用や、防水や配管やサッシ類の更新など、長期的ランニングコストのアップを加算すれば、過分の費用に議論の余地はありませんでした。

むしろ大事なことは、建替え決議に必要なことをどうやってきちんと提示して決議ができるか、ということです。決めなければいけないことは、次の四つです。これらを事前にクリアにするために、建替え方針決議後の活動があったのです。

(1) 新たに建築する建物の設計の概要

(2) 建物の取り壊しと建築に要する費用の概算額

(3) 費用の分担に関する事項

(4) 再建建物の区分所有権の帰属に関する事項

四つの項目の一つに不明瞭な点があるというだけで争いになり、建替え決議無効の判決になったりします。いったい誰のために、何のために建替え決議をするのかという本来の意図が、またまた空中戦へと歪められてゆくのです。いくら牛歩の当館でも、そんなことをしている時間はありません。地震から二年が経とうとしているのです。

新たに建築する建物については、仮にではあっても図面はたくさんありました。住民のイメージはできあがっていたと言ってもよいでしょう。すべては基本計画ですが「設計の概要」という要件は満たしていました。

費用についても、これまでの議論で住民には覚悟ができていました。結果的には事業の過程で多くの出し入れが発生しましたが、G社の努力で「費用の概算額」が間違っていたという話は出ていません。区分所有権の帰属については、すでに住戸決めは終わっていました。建替え決議の前に住戸決めとは、まあ理解しにくい話ではあります。もちろん建替え決議が否決されれば、これまでの作業は絵に描いた餅でおしまいです。しかしここまでやっておかないと、最終判断である建替え決議は実施できないのです。

近隣との関係づくり――連合自治会への説明

わがマンションは、あくまで団地の中の一棟であるという考え方は、特に古くからの居住者に強くありました。団地として九〇〇世帯を超える渦森台二丁目ですが、二〇棟の建物はすべて敷地・所有・管理が独立していることはすでに書きました。ですから、団地にしばられることはないのですが、そんなことを言う人は一人もいませんでした。むしろ、団地全体の合意がなければ建替えられないと思っていた人がいたくらいです。

ご近所としての団地内に対する当館の意思表示は、建替え方針決議後、連合自治会に対して実施して

よりよい暮らしを取り戻すために
――渦森団地17号館の再建に向けて

【あの日からもうすぐ2年】

1995年1月17日午前5時46分。言葉での表現を超えるほど強烈な衝撃に眠りを破られた朝から、やがて1年と11か月になります。長かったような、短かったような。

改めて振り返ってみると、相反する思いが交錯して複雑な気分です。当館では、人的に大きな被害はありませんでしたが、物理的、精神的に少なくない被害を被り、建物は神戸市から「半壊」の認定を受けました。

一日も早く被害を克服し、不安を感じなくてもすむような生活基盤を確立し、平穏な暮らしを取り戻したい。そんな思いを胸に、住民も管理組合も「再建」に向けて、懸命に取り組んできました。

そして今ようやく、「建替え決議」の提案という段階にこぎつけました。言うまでもなく、この決議はそれ自体が目的、ゴールなのではありません。阪神大震災という未曽有の災害から立ち直り、安心できる安全な暮らしへと進むための第一歩です。さらには、近づく21世紀にふさわしい「街作り」への大きなステップともなるでしょう。

あの日からもうすぐ2年。決して忘れられない出来事とはいえ、いつまでもその後遺症を引きずったまま、無為に手をこまねいてばかりもおられません。「被災者切り捨て」ともいえる最近の政治・行政の動きを見聞するにつけても、そう思わざるを得ません。

私たち17号館の住民は、自分と家族の生活と安全を守るために、今後とも自助努力を続ける所存です。近隣のみなさんも、この私たちの営みを温かい目で見守っていただくよう、改めてお願いする次第です。この取り組みが、17号館の個別ケースというにとどまらず、当団地の各号館が近い将来に直面するであろう課題に関して、多少なりとも参考になれば幸いです。

以下、17号館の被害状況や私たちの思いを、まとめてみました。参考にしていただければと思います。

【こんなことを考えて】

私たちは、このような現状の中で、どうすべきかに関して次のようなスタンスで検討を重ねてきました。

◎　被害状況にかんがみて、今後、安全に暮らすにはどうするのがベターなのか。
◎　築二十年以上。今後のメンテナンスなど維持管理費用との兼ね合いも考慮する。
◎　近い将来に、抜本的な老朽化対策を迫られることも視野に入れる。
◎　震災を教訓に、今後の地震に耐えうる建物とする。
◎　法的規制の枠内で、住民の負担をできるだけ少なく、効果あるものにしたい。
◎　性急に事を運ぶのではなく、多くの住民が納得し得る環境を整えよう。
◎　当団地全体にとっても早晩、解決を迫られる問題。よい意味での先行事例となれば。

――などです。

【１７号館は
　　このままでは安全とはいえません】

１７号館は、土木建築業者に頼んでの調査、専門家の判断、住民のアンケート・ヒアリングなどによって、主なものだけでも、次のような被害が明らかになっています（すでに応急措置、部分補修済みの分は除きます。）。

《建物が移動しています》

建物は全体として水平方向に５５ミリ移動している。これにより杭に生じる応力を検証すると、杭頭または杭頭から１～２ｍの地下で、杭の耐力を超える応力が生じており、理論上は破壊していると言える。破損が確認されて補修した西側２本の杭だけでなく、また西側だけでなく東側の杭も破損している可能性がある。すべての杭を調査のうえ、補強を行わなければ安全性の維持は不可能と考えられる。

《建物が傾いています》

建物の西側部分が南側に約１１０ミリ傾いている。住民からは生活実感として、床上でゴルフボールが転がる、開けたドア等が勝手に締まる ――などの訴えがある。

《床にクラックが入っています》

床スラブにクラックが発生している個所がある。現認した分はすべてが同様の入り方をしており、幅が大きいもので１ミリに達していることなどを考え合わせると、構造軀体にクラックが発生している可能性が高い。「上下階の音がよく聴こえるようになった。」との訴えもこれが原因と考えられる。現状のまま放置すると、漏水事故の際に階下への被害が生じるだけでなく、鉄筋がさびることでコンクリートを破壊し、さらに耐力の低下につながることが予想される。

《見えない被害もあります》

このほかにも、震災被害と考えられる現象として、雨漏りがする、屋根から変な音が聞こえるといった報告がある。

【生存権として】

要するに、このままでは、被害が広がることはあっても、決して軽減・解消することはないということです。しかも、物理的な被害だけでなく、傾いた住居や基盤が不安定な住居に今後も住み続けなければならないことでの精神的な影響、心理的な苦痛も、全く度外視はできないでしょう。それは決して「健康的で文化的な生活」とはいえないはずです。

ややかしこまった言い方をすれば、憲法２５条で保障された「生存権」にかかわる問題だと言っても言い過ぎではないのではないでしょうか。

2 ／ 3

【じっくり検討して】

昨年春以来、幾度も会合や総会、説明会、相談会を持ち、専門家やコンサルタント、行政の意見や助言を聞き、資料を集め、住民のアンケートを取り、個別のヒアリングを行い種々論議を重ねました。

被害の克服、安全性の確保、補修にかかる費用と建替えに要する費用との兼ね合い、住民の大勢などの点を総合的に検討して、昨年秋、理事会としては建替えの方向で進みたいとの提案を行い、区分所有者の５分の４の多数の賛同で建替え方針決議案を採択し、建替えに向けての前準備を開始しました。そして今年秋には「住民の意思確認をして事業としての一歩を踏み出そう。」という意味での建替え方針決議案を区分所有者の５分の４の多数の賛成で可決しました。その後、事業協力者の選定、基本プランの作成、部屋決めなど建替え決議に向けて必要な様々な手順を進めている段階です。

【ひとつ屋根の下に暮らして】

建替えの実施にあたっては、様々な困難や障害があるのも事実です。資金の調達、二重ローンをかかえこむことになる人、解体から完成までの仮住まいの問題等々　……。　それでも、住まいの安全性を確保し、将来にわたって拡大する可能性の高い被害を克服するための抜本的対策の意味でも、また、補修という対処療法やメンテナンスにかかる費用とのバランスとその投資効果の意味でも「建替えがベター」との意見が多くを占めています。

・共同住宅で個々の事情ばかり主張していては共同生活ができない。
・このままだと住民の高齢化が進み、建物も建替えられなくなり、スラム化の恐れがある。
・家庭事情的には厳しいが、客観的には今、建替えなければならないと思う。
・エレベーターなど、高齢者が安心して住めるような設備を是非に。

――――といった意見も寄せられています。

考え方や思いも違い、生活状態や資産・収入状況も異なり、年代・職業も様々ながら縁あってひとつ屋根の下で生活することになり、あの大震災にでくわし、対応を余儀なくされてしまった。だれも、しんどい思いはしたくないし「自分は何もせずに、だれかが解決してくれるならどんなにいいか。」　………　そう思います。

でも、そうはいかないのが現実です。それならば、自分たちの暮らしを自分たちの努力で少しでも良くしたい、不安定な状態から脱却したい。互いに譲れるところは譲り合ってできるだけ多くの人が納得できる方向に進みたい。そう考えています。

繰り返しになりますが、私たちの取り組みの出発点は

《安全と安心をいかにして取り戻すか》

です。これなくしては生活も家族のだんらんも成り立たないからです。

また、被災マンションの再建が様々な壁に阻まれて遅々として進んでいない中で、１７号館の動きは、ひとつのケーススタディとして関係各方面でも、大いに注目されていると聞いています。

繰り返し、近隣のみなさんの有形無形の協力と支援をお願いして、ざっぱくですが報告に替えさせていただきます。

１９９６年１１月２７日　　渦森団地１７号館再建委員会

3 ／ 3

いましたが、やはりその後いろいろな動きがありました。各棟では、自分たちの棟をどうするのかということも含めて、いろいろな議論があったそうです。渦森台二丁目全体の構想について、17号館の考えを聞きたいという棟も出ていましたので、一二月の連合自治会の定例理事会に赴き、経緯と現状を説明しました。

理事長（再建委員長）、Y・T部会長、E・K事務局長とともに、天宅さんも同行して、これまでの道のりを筆者と天宅さんで説明しました。この時に使われ、その後も何回となくわれわれの決意表明となるのが「よりよい暮らしを取り戻すために・渦森団地17号館の再建に向けて」というすでに紹介したヒロシの手になるものです。ここは筆者が余計な解説を加えるより、ぜひ皆さんにじっくりと読んで頂きたいと思います。

あれほど長くて苦しかった二年間も、外向けにはこの程度に要約されてしまいます。もちろん随分長い時間をかけてお話したのですが、うまく伝えることができたでしょうか。住民自らが主体となって内外に訴えてゆくという再建委員会の基本思想はきっちり守ったつもりですが、その後の三回に及ぶ近隣向けの工事説明会にかけて、筆者は胃に穴が開く思いでした。

建替え決議はあくまでも最終儀式――「全員賛成」にはならない

建替え決議のための17号館の臨時総会は、ようやく一九九六年一二月に開催されました。引き続き建替え方針に賛成されない方との対話は続いていましたし、五〇戸全員が決議に賛成とならないことはわかっていました。しかし、前にも書きましたが、自分たちのマンションの将来を考えない人はひとりも無く、その手法が一致していないだけなのです。票読みとは嫌な言葉ですが、皆さんの意向は、直接聞いて回ったつもりでした。だから、建替え決議は本当の意味では通過儀礼なのです。しかし、この決議がマンションという建物にとって、最終的・決定的重さを持つのもまた事実です。

前もって議案の説明会を実施し、判断をする前の質疑も十分実施しました。議題は次の四つです。

(1) 渦森団地17号館の建替え決議に関する件
(2) 買受指定者の選任の件
(3) 渦森団地17号館建替え事業基本協定書承認の件
(4) 再建委員会の事業活動継続承認の件

1号議案が否決されれば、当然その後の議案は上程されません。2号議案は、建替えに参加しない区分所有者から所有権を買い取る買受指定業者をG社にすること、3号議案はG社との基本協定の承認でした。また、4号議案は再建組合が設立されるまでの再建委員会活動の承認です。

本人出席四二名、委任状四名、議決権行使四名の全員参加で臨時総会は開催されました。1号議案の審議時に、「現実に全員が居住しており、転居の負担や高齢者への配慮が少ない」という反対意思表明が行われただけで、紛糾もなく淡々と記名投票が行われ、賛成四二反対八で建替えが決議されました。残りの議案もすべて可決され、これまでのことを思うと、本当にあっけないくらいの総会でした。怒鳴りあいが不毛であることはわかっていましたが、それもなく逆に拍子抜けでした。

この臨時総会終了後もフリートーキングを実施しましたが、スケジュールや事業費について、G社を交えて活発な前向きの質疑応答が行われました。もう17号館の復旧は、正式に建替え事業へと名前を変えたのです。これで本当に後戻りができなくなりました。あとは戦略ではなく戦術の検討、仕様とコストと工程を住民主体に諮ってゆく、普通のプロジェクトになってしまったことに、何だか複雑な気持ちだったことを思い出します。

反対も参加——反対者と不参加者は異なる

建替え決議に反対された八戸の区分所有者には、臨時総会の席上で理事長から建替えに参加するか否かを書面で回答するようお願いをしました。五戸の方々は、これまでの何回もの打合せで「建替え決議後はノーサイド(たたかいが終われば敵も味方もない)」というスタンスだったので、その日のうちに建替え事業への参加を表明されました。残る三戸の方には、内容証明つきで催告書が送付されましたが、これは脅しのためではありません。いくらお隣さん同士のこととは言え、完璧に手順を踏むことは、再建委員会の方針どおり。区分所有法第六三条により、決議後一定の期間内に、賛否ではなく事業への参加意志を確認する必要があるのです。催告書に対して二ヶ月以内に回答がないか、事業への不参加を表明されると、ややこしくなります。ここでつまずいた被災マンションもあります。

建替え事業は、建替え賛成者すなわち事業参加者が進めます。当たり前ですが、建替え事業不参加者が事業を進めることはあり得ないのです。そこで売渡し請求権と買取り請求権という考え方が出てくるのです。

建替え事業参加者が不参加者に対して、その権利を時価で売り渡すことを請求できるのが売渡し請求権です。何らかの理由で建替え事業に不参加となった人には、きちんと補償が行われるということです。もっとも、不参加者から見ると、これはただの追い出し権に過ぎないという見方もでき、ここでまた、是非と金額を問う争いが生じることは事例が物語っています。

一方区分所有法六一条により、建物の一部滅失の日から六ヶ月以内に復旧か建替えかが決議されない場合、区分所有者は他の区分所有者に区分所有権と敷地利用権の買取りを請求できるのです。しかも、請求相手は管理組合でも他の区分所有者でも誰でも構わないのです。これによって、区分所有者はいわば被災マンションからの脱出ができるわけです。何もせずに放置している管理組合は、ここで指弾されるとも言えましょう。

これらの権利は形成権と言って、宣言したら最後、必ずこの権利を行使できるので、買取り人に指名された人は、「おれは嫌だ」と拒否できないのです。考えようによっては、本当にこわい権利です。

こうして最終的には全員が建替え事業参加者となり、ようやく事業を進めることになります。何のことはない、全員が建替え事業に賛成しなければ工事が進まないという、当たり前の話です。でも、こんな不幸な権利を行使しあうのは、筆者は最悪の建替えだと思います。こんなやりとりをしなくても、方法はあります。とにかく建替え事業に参加することです。その後再建マンションに暮らすかどうかは別問題です。新築マンションを売却するという方法も残っているからです。ですから当館でも、法律問題

コラム

やっぱりいろんなヤツがいる――ビラ・無言電話・ゴネ得

ここに，おもしろいビラがあります．建替え決議直前に全戸のポストに投函されたものです．17号棟各位というあて先ですが，作成者の名前も日付もタイトルもありません．

(1)渦森団地の各棟が建替えたら階数を低くせねばならないかもしれない．日影規制がかかるかもしれない．(2)現状説明されている状況にはなりえない．(3)当団地も連合自治会で基本的なことは決定しておくべき．(4)建替え決議前に再検討をお願いする．

詳しい検討を加えることもなく仮定を並べ，無責任に連合自治会を引っ張り出し，17号館を中傷して再検討とはこれ如何に．建替え決議後も発行元から音沙汰はなく，発行者が団地全体の調和について活動しているか不明ですし，団地全体の複合日照図を作成したかもわかりません．

嫌なことはまとめて書いてしまいます．やはり何度もありました，無言電話．建替え工事が始まって，現実にご近所に騒音等で迷惑をかけている時ではなく，かかってきたのは，やはり建替え決議前です．いったい，どういう意図だったのか，せっかく電話をかけているのだから，意見を言ってくれればよかったのに．

よく言う夜中の無言電話，これより決定的に効果があるのは明け方，起床時刻の一時間くらい前です．目がさえて眠れなくなります．何度か続くとものすごく早起きになってしまいます．相手がよほど早起きの人というだけかもしれません．でもかなりこたえました．それ以来，無言電話をかけるなら絶対明け方にしようと決意しましたが，幸いにして実行することは今もってありません．．

最後にもうひとつ．ゴネ得とは嫌な言葉です．これは又聞きなのですが，参考のために紹介しておきます．

ある建替えマンションにおいて，建替え反対の意思表示をしてから，管理組合にいろいろな形で補償を要求した人がいたそうです．その管理組合はかなりの金額を払って出てもらったそうですが，その人が最も悪いのは，ゴネ得を建替え反対の他の人にも持ちかけ，共同して金額のつり上げを謀ったということです．まんざらそのスジの人ではないらしいのですが，地震は人の心まで破壊したのでしょうか．

われわれのマンションにそんな人たちがいないことはわかっていました．幸い先ほどのビラが配られたくらいで終わったわれわれの建替え事業には，あまり魅力がないと，そのスジの人たちも知っていたのかもしれません．

も踏まえて建替え事業への参加を呼びかけたのです。

建替え決議成立後一ヶ月を経ず、17号館全員が建替え事業参加を決めたことは、やはり特筆すべきでしょう。もちろん売渡しや買取りの請求権行使はありませんでした。建替え反対者にも、建替え事業への参加の権利はあるのです。それを上手に使う、使ってもらうことが重要です。

本当の全員合意とは——賛成しなかった人たちへの想い

世に言う賛成派と反対派。賛成派＝建替え派、反対派＝補修派のように、極端な分類をされることもあります。こと被災マンションの復旧については、いたるところでこのことばが使われて多くの不幸を生み出し、それが一〇年も続いたところもあります。

いろんな理由で自宅マンションの復旧について意見が分かれるのも仕方がないことです。むしろ同じ価値観を完全な形で住民全員が共有するのには無理があります。地震後二年近くの間にその理由は醸成されたものですから、それを多数の側が頭ごなしに否定することは間違いです。それこそ数の暴力です。

年齢も職業も家族も経済状況も、そして思想信条も違う人たちが、同じ考えであるはずがないのです。だから反対を賛成にするよう説得したり、アドバイザーにそれを依頼することこそ間違っているのです。中立を謳うアドバイザーも、これでは賛成派の手先になってしまいます。多数派の筆者がいくら言っても説得力がないかもしれませんが、人の考え方に白黒をつけるのは神様以外がやることではありません。

それでも同じマンションに住んでいるからには、多数決で決めなければなりません。自分が少数側とわかっていても、意思表示が必要なこともあります。ましてや記名投票をするので、建替え決議は少数側の方にとってものすごい負担となります。それをことさらのようにあげつらい、お互いを悪く言うことは本当に情け無いことです。議題は自分たち自身の住まいそのものだからこそ、悲しいのです。一月一六日まで普通のご近所さんだったからこそ、虚しいのです。

われわれには、少なくとも怒鳴りあいの総会は一度もなかったし、日常の差別もありませんでした。少数側の方が肩身の狭い思いをしたことはないとは言えないかもしれませんが、考えを変えることを迫られるということは無かったと思います。建替え方針決議に反対した方も、間取りの検討会には参加し、住戸決めをし、その中で「決議には従う」という発言すら出ていました。現に建替え決議に賛成しなかった方たち全員が、今も同じ建物に住んでいるのです。これは稀有なことと言ってよいでしょう。

「どうして17号館は反対者が賛成になり、全員が住み続けているのか?」と問われたことがあります。反対者が、説得工作で賛成に鞍替えしたわけではないのです。納得できるだけの十分な情報を得て、みんなが選択した方針を尊重しただけのことです。これこそが、住まいにおける民主主義ではないでしょうか。排除を前提に議論して、多数派が勝ち誇るのではなく、みんなで一緒に住み続けることを選んだのです。筆者のこの説明は、なかなか質問者に理解してもらえなかったことを、付け加えておきます。

そもそも反対を賛成にするように強要したり、その逆であったり、そんなことで解決できる問題ではありません。少なくとも、自分たちのマンションの復旧という出発点では全員が異論はないのだから、何とか一緒にやってゆく方法をこそ探るべきなのです。建替えとなれば、17号館がなくなるという事実は、住民全員にとって等しく降りかかります。出発点が一緒で結果が及ぼす影響も同じなら、なんとかみんなで歩み寄りを考えるべきです。小異を捨て大同につけという意味ではありません。むしろその逆、多数側が少数側のことをできるだけ考えるべきではないでしょうか。地震直後から、弱い人や力のない人に手を差し伸べてきたことの継続に過ぎないのです。全員合意とは、決して見かけの数字の賛成一〇〇%のことではないと思います。

　建替えにおいては、その金額が大きいことから経済的な問題ばかりが強調されますが、社会的、思想的、哲学的問題もあります。経済的に本当に問題がある人はいなかったというのが個別ヒアリングの結果でしたから、それ以外の問題に対してできることは、違いはどうあってもお互い理解しあうという、精神論しか筆者には見つかりませんでした。それができるのは、これまで作り上げられたご近所というコミュニティしかないような気がします。問題をつぶしてゆくのではなく、包含して共に乗り越えてゆけるのは、長い間にわたって築き上げられた信頼関係しかないような気がします。言葉で伝えることすら難しいのですが、おおよそ訴訟社会と言われるアメリカなどでは考えられない付き合い方とでも言えば、少し言いすぎでしょうか。そういった人間関係のつむぎ方しかこの問題を解決できないということを、われわれ全員が、本当に身をもって体験したのです。

▲マンション再建におけるコンサルタントの役割▼

天宅　毅（株式会社キューブ代表取締役）

私が渦森団地17号館にコンサルタントとして関わることになった時、すでに震災から約一年半が経過していました。しかし、この時点でも、ほぼ全員が居住し続けているという状況でした。

まず最初に私が行ったのは、全区分所有者を対象とした個別ヒアリングでした。渦森団地17号館として選択するべき方向性を見出すには、個々の区分所有者がどのように考えているのか、状況を具体的かつ正確に把握する必要があったからです。個別ヒアリングの結果、ほとんどの方に共通する願いは、「ここに住み続けたい」ということである事がわかりました。渦森団地は昭和四〇年代に開発されたニュータウンですが、そこに住む人々にとって、すでに故郷になっているということを実感しました。しかし、ここに住み続けたいという願いは共通するものの、半年前に行われた最初の方針決議によって、これを実現する具体的方法として建替えと補修に二分された意向を、一つの方向にまとめ、合意形成を図るための道筋がわからず、私が関わった時点では膠着状態に陥っているように見えました。

渦森団地17号館では、建築当初より管理組合の自主管理による管理運営が行われ、震災まで非常に良好な長屋的コミュニティが形成されていました。長年自主管理をしてきたことで、マンションの管理運営に対する住民の参加意識は非常に高く、民主的かつ厳格に行われていました。このような土壌が、住民個々が自立し、お互いを尊重するための訓練となり、本事業成功の大きな要因となったことは間違いありません。

しかし、そのような成熟した管理組合でも、補修・建替えをめぐる方針決定に関して、いずれかの方針に合理的に意見集約を図る事は非常に難しい問題でした。いかなる方針で進んでいくかは、個々にとって人生設計そのものに影響を及ぼすような大きな問題であり、簡単に妥協できるようなものではありません。しかし、個々の抱える状況はそれぞれに異なり、個々の希望する方針もまちまちです。

同じ屋根の下に住む住民間とはいえ、そのような個々の抱える状況まで公開することは現実的に不可能で、むしろ住民個々が自立し、お互いを尊重することができる良好な長屋的コミュニティが形成されているが故に、個々の抱える状況まで踏み込むことはためらわれ、個々の表面的な意向確認から先に進む事が困難となっていました。

また、大きく対立する問題を当事者間で直接議論により解決しようとすると、どれだけ理性的に考えようとしても自分が歩み寄ると一方的に自分だけ妥協した印象を持ち、逆に相手が歩み寄ったのは自らの主張が相手方に理解されただけであり、あたりまえと感じるものです。結果として、相互間に遠慮して議論が深まらなかったり、双方が全く妥協できずに膠着状況に陥ることとなります。

ここで、第三者の専門家であるコンサルタントの役割が必要となります。コンサルタントは、守秘義務を厳守する前提で、表面的に現れている意向の元となっている個々の抱える状況まで踏み込んでヒアリングすることができます。その結果、意向が割れている元となる本質的問題を捉え、解消するために必要な方法を検討する事が可能となります。先述の通り事業後も同じ屋根の下で住み続ける当事者が、プライバシーをお互いに公開する事は現実的に不可能です。しかし、表面的に割れている意向をまとめるためには、本質的問題を捉える事が不可欠で、このような事が可能となるのは第三者でしかありません。

皆が共有しなければならない情報とは、どのような問題を抱えている方がおられるか、そしてどのような対策を講じる必要があるかであり、誰が問題を抱えているかという事ではありません。コンサルタントは、このようにして明らかになった本質的問題に最大限配慮し、意見集約できる道を探り、提案していくこととなります。

また、コンサルタントは議論に客観的な座標軸を与え、対立関係のポイントを見極めて妥協点を提示することができます。第三者による客観的な座標軸が与えられる事によって、お互いに歩み寄っている状況が客観的に認識でき、一方的に自分だけ妥協したという被害者意識を持たなくなり、相手も歩み寄っている事が理解できるようになります。

事業成功の鍵

マンションの復旧事業においてコンサルタントの果たす役割は非常に多岐にわたりますが、事業成功の鍵となる合意形成を図る上において、このような信頼できる第三者としての役割が非常に大きいと思います。この時、コンサルタントに必要な能力は、中立性、公平性、透明性、第三者性、専門性であり、これらの事項を徹底的に意識して、自らの事業におけるポジションを自覚的にコントロールしつつ事業に関わる事が必要となります。

しかし、このようなコンサルタントの役割も、各区分所有者がコンサルタントの提案に対し、冷静に聞く耳を持ち、判断する能力がなければ生かされません。ここで、渦森団地17号館で長年にわたる自主管理を通じて形成されていた、高い住民の参加意識と、民主的かつ厳格に行われていた管理運営の経験が生かされました。事業進捗を急ぐあまり、いずれかの方向性に急進的に進めようとすれば、かならず大きな反動が起こります。このような事態に陥らないように、村上さんをはじめとする皆さんが慎重に進めてこられた努力があったからこそ、コンサルタント提案を生かし、事業を進めることが出来たのだと思います。いずれかが欠けていたとすれば、このような形で本事業が完遂される事は非常に困難だったことでしょう。

また、渦森団地17号館はいくつかの幸運にも恵まれていました。大きなものとして次のようなものがあげられます。

・震災を契機として、良好な住環境の復旧という目的を皆が共有できた事
・築年数の割りに賃貸比率が約一割程度と低く、賃貸人の協力も得られた事
・保留床売却を前提としたディベロッパー誘致が可能だった市場環境
・公費解体や優良建築物等整備事業による補助金が利用できた事
・ここに住み続けたい方が全員経済的に事業参画可能な状況だった事

これらのいずれが欠けていても、それを補う手段を講じる必要がありました。まず、震災という契機がなければ、良好な住環境の復旧という目的に皆が一致団結することは難しかったことでしょう。そういう意味では老朽化の建替えの場合、自発的に契機を作り出さなければならないので、目的を共有する事がさらに難しいと考えられます。

また、賃貸比率が高くなると、所有者の当事者意識が低くなります。賃貸人の協力が得られない場合の対処方法も結構煩雑です。そして、地域によってはディベロッパー誘致が困難な場合も出てきており、このような場合、自主再建として事業を構築しなければなりません。自主再建の場合、事業の変動要因に対するリスクを負う主体が任意団体である建築組合となるため、事業に安定性を確保することが困難です。

また、補助金が活用できない場合は、個々の費用負担がその分大きくなります。住み続けたい方が経済的に事業参画不可能な場合の対処方法として、平成一六年に住宅金融公庫が「高齢者向け返済特例制度」というリバースモゲージ的な制度[1]を発表しましたが、このような制度を積極的に活用

していく事が円滑な事業進捗には必要でしょう。

とにかく、反対的立場の方に対する十分な配慮をせずに、ある特定の方向性に強引に事業を進めようとすると強い反発が生まれ、結果として長期に渡り事業が動かなくなる状況に繋がる可能性が高くなります。実際のところ、震災復興でもこのような事例は多く見受けられ、長年法廷抗争を続けた案件は、ようやく結論が出た時点では全ての前提条件が変わってしまい、改めて最初から検証しなおさなければならなくなりました。これでは時間と費用の浪費でしかありません。

実際にマンション再建に関わって得られた実感は、マンションの建替えは非常に難しいという事です。しかし、真剣にその状況を理解せず、十分な維持管理運営を行っていないマンションも少なくありません。そういう意味では、我が国のマンションは未だに持続可能性を持つに至っていないと言えます。阪神・淡路大震災によってマンションの持つこのような本質的問題は一気に顕在化しました。

にもかかわらず、震災から一〇年経った現在でもマンションが持つ本質的問題は解消されず、昭和四〇年代に大量供給されたマンションが築四〇年を迎え、今まさにこれからの方針を巡る判断を迫られる状況が全国で生まれています。マンション建替え円滑化法が整備されましたが、これだけでは劇的に事態を打開するような状況となっておりません。一方で、震災前と変わらず、従来と同じ問題を抱えたままの新築マンションが大量供給され続けているのが現状です。むしろ、この一〇年で超高層マンションが大量に供給されるようになりました。超高層マンションも、従前のマンションと同様に区分所有者の合意形成に基づく管理運営システムしか持ち合わせておらず、このまま行くと、二一世紀末を迎える頃、果たして都市がどのような状況になっているのか誰にも予想がつきません。旧建設省で開発されたスケルトン型定期借地権(2)は大きな可能性を感じさせるものの、一般的な普及にはまだまだ遠い状況です。

経験を教訓として生かすために

阪神・淡路大震災は、私たちが常識と考えていたものが、いかに曖昧な根拠の上に成立しているかということを顕在化させました。震災から一〇年。震災で明らかになったさまざまな問題点も次第に忘れ去られつつあるように感じます。しかし、生き残った我々には、亡くなった方々に対して、この経験を生かしていく責任があると思います。

私共で進めている具体的な取り組みの一つとして、コーポラティブハウスの企画・事業化を行っています。コーポラティブハウスとは、一般の分譲マンションのように完成した住宅を購入するのではなく、住宅の購入を考えている方々が集まり、共同で土地を取得し、各自の要望を取り入れながら設計し、自らが工事の発注を行って住宅を取得するという方法です。いわば住み手による住み手のための集合住宅です。コーポラティブハウスでは、住宅は商品でなく住まいであり、自分たちの住まいであるという自覚を持って大事に使っていく意識を区分所有者全員で共有することができるのではないか。そして、全員が直接マンションの管理運営に参加することによって、従来のマンションが抱える問題点を乗り越えていくことができるのではないかと期待しています。また、マンションの抱える問題を乗り越えていく方法論として大きな可能性を持つ旧建設省で開発されたスケルトン型定期借地権事業も、私共が関西で初めて事業化しました。

これらの取り組みも、まだ始まったばかりで、さらに社会的に認知され、大きな広がりを持って展開していく必要があります。震災を経験した者として、渦森団地17号館の再建に関わった者として、今後ともこの経験をさまざまな形で生かしていきたいと考えています。

（1） リバースモゲージ＝持家を担保に融資を受けるシステムのこと。逆抵当融資方式という意味。老後の生活資金調達方法の一つとして注目されている融資システムで、債務者が死亡した後に、担保となっていた不動産を売却して借入金を一括返済するという仕組み。マンション建替えにおいては一般的な融資を受ける事が困難な高齢者等が建替え資金を得る手段として活用する事が考えられる。

（2） スケルトン型定期借地権＝定期借地権の一種である「建物譲渡特約付借地権」を応用して、耐久性のある「スケルトン住宅」を建てる新しい住宅供給方式。段階的に権利変換を行い、大規模修繕を円滑に行うシステムや、最終的な権利の集約化等、分譲マンションが抱える本質的問題を解消する手段を内在する手法として大きな可能性を持っており、普及が期待される。

第5章
マンションン住民が自分たちのマンションを造る

新年あけましておめでとうございます

近況報告特集

発行:17号館再建組合理事会

再建組合だより

マンション復旧は建替え事業へ

一九九七年に入り、三回目の一・一七も、あっという間に過ぎて、ちょうどこの頃、町でよく見かける「建築計画のお知らせ」の看板が17号館の敷地内に立てられました。建替え決議を経て新たな局面に入ったわがマンションですが、全員合意が達成された後も、こなしてゆく実務は山積していました。

まず一月には、施工同意書と印鑑証明を用意して、優良建築物等整備事業の申請をします。これが認められれば、共有部分の設計・工事費に対して補助金が交付されます。神戸市産業廃棄物対策室との折衝では、三月中に解体着工すればギリギリ公費解体が実現しそうでした。そのためには区分所有者全員の解体同意書が二月に必要となります。いよいよ時間とのたたかいです。書類が揃えば、時間的に正式着工できなくても、再建委員が建物のどこかをハンマーで叩いて「解体着工」にしようなどと考えたくらいです。

引越しの準備も必要です。三月に解体着工するならば、それまでには全員の退去が必要です。再建マンションの入居は一九九八年八月という計画でしたから、仮住まいは一年半に及びます。その間に二回も引越しをするのです。よほどの事情が無い限り、一生のうちで二度あることはないでしょう。G社は多くの物件を紹介してくれた上、見学バスまで出してくれました。仲良し世帯が同じところに仮住まいしたいというのは、特に高齢者に多い希望でした。筆者は、折り込み広告でコンサルタントの太田さんのマンションが賃貸で出ていたのを見つけ、即決しました。話に聞いたマンションに、実際に住んでみたいという気持ちがあったのです。

引越し先が決まると、今度は引越し業者の評価と選定を、再建委員会で実施しました。業者を絞り込むことにより料金の引き下げが期待できるし、輻輳する引越しを業者自身が調整することにもメリットがありました。このあたりの段取りとコストダウンは、もうお手のものです。

G社との建替え事業基本協定書・神戸市への土地売買届出書・税務署への特例申請など、その間も続々と書類の提出や契約がありました。これらの準備主体はG社でしたが、すべて再建委員会で説明を受け、理解・納得の上で区分所有者に周知しました。最も重要な、抵当権抹消のための資金調達や所有権のG社への移転、売買契約や登記手続きなども、並行して着々と進めました。

建替え決議の一九九六年から一九九八年までの詳しいスケジュール表を作り、現状のチェックと今後の予定の見直しを実施するのが、再建委員会の重要な仕事となってゆきました。事業の軸足は徐々にプロのG社に移りましたが、それはそれで良かったと思っています。法律上は事業者がG社で住民はお客さん扱いですが、最終判断は必ず住民サイドで実施することは、両者合意済みでしたから。

公費解体も何とか認められ、補助金の交付や税務関係の手続きも順調に進みました。G社への売却も終わり、所有権の移転登記が終わる頃には、建築確認申請も認められました。いよいよ、工事そのものが始まるのです。

近隣への配慮——説明会は自らが自らの言葉で語ること

少し話が戻りますが、近隣説明会についても触れないわけにはゆきません。わがマンション住民が建替え事業に向けて猛烈にダッシュしたことは、先に書いたとおりです。われわれの中では二年も議論していたことの実現に過ぎないのですが、行政からの要請もあり、きちんとした近隣説明会の実施が必要でした。

再建委員会総務広報部会の最後の踏ん張りです。筆者は、人生最大のプレゼンテーションを三回もすることになります。建替え決議直後の一九九六年一二月から始めた説明会には、それぞれ四九名、三四名、一六名の出席がありました。経緯と想いの説明を筆者、事業計画を天宅さん、その後、F建設も加わって質疑応答というものです。

筆者の話は下手でも、ヒロシの書き物の助けを借りて中身が濃いものであるという自信はありました。われわれのマンションの状況を、わかってもらおうとだけ思っていました。たいていこういう場では、説明者が吊るし上げに遭うものですが、その覚悟もできていました。

17号館が地下駐車場を作ったおかげで路上駐車ができない上に、また勝手なことをするのか、という発言にはちょっと驚きましたが、17号館住民の生存権という考え方は伝えることができたと思います。盛んに団地全体の建替え検討を主張した方もありましたが、その後の活動と結果は聞こえてきません。

17号館の建替え事業を応援して温かく見守ろうという趣旨の発言も、たくさんいただきました。17号館の決断にエールを送るなどと言われた時には、本当に涙が出ました。やはりいろんな人が住んでいるのがマンションであり、団地なのです。新たに再建マンションの住民になった人のほとんどはご近所からの転入なので、当館の建替えは、ご近所から排斥されず、むしろ祝福されたのだと考えるのは、いささか自己中心的に過ぎるでしょうか。

復旧委員会からずっと力を尽くしたI・Sさんは、口癖のように「これだけご近所に応援してもらったのだから、必ず恩返しをする」と言います。筆者も同感です。経験者の義務とさえ考えているのですが、まだ17号館の復旧ノウハウをたずねに来られるご近所さんはありません。ほとんどの棟は最近外壁塗装を実施されたようですから、築四〇年目に向けて、腰をすえて今後のことを考えようということでしょうか。

新しいマンションの姿が見えてくる――管理組合から再建組合へ

しかし相変わらず、再建委員会は多忙でした。解体着工を控え、管理組合の解散と再建組合の設立が必要でしたし、これまで積み立てた財産の処分も検討する必要があります。再建組合の組織と規約も作らねばなりません。ほとんど三日に空けず打合せが行われ、建替え事業の体制が固まってゆきました。

二月には管理組合の臨時総会が理事長名で招集され、次の議案が上程されました。

(1) 管理組合の平成八年度業務報告と収支決算および解散承認の件
(2) 管理組合の三月末収支決算見込み残余財産処理方法承認の件

いずれも一名の反対もなく可決され、これでF理事長チームは無事その任を解かれ、二十余年に及ぶ渦森団地17号館管理組合は、三月末でいったん解散することとなりました。同時に苦労と思い出の詰まった再建委員会も解散です。

ひきつづき開かれた、発起人の召集による再建組合設立集会の議案は、次のとおりです。

(1) 渦森団地17号館再建組合設立承認の件
(2) 再建組合規約承認の件
(3) 再建組合役員選任承認の件

これらも出席者全員の賛成を得て可決されました。理事長はF前管理組合理事長、副理事長はI・Sさんの最強コンビです。理事については事業と総務に分掌し、筆者は事業担当理事として役員四年目を迎えました。

総会の後は、全員で解体直前の17号館前で記念写真を撮り、場所を近くの福祉センターに移して懇親会を行いました。こういうことの段取りで、若いI・Yさんの右に出る者はない。自作の看板まで掲げてのさよなら大パーティーとなりました。参加者の写真を撮って再建マンションの住戸割りどおり並べ、新しいお隣さんを確認しあったり、とかく仲が良くないと噂されていた人を舞台に上げて握手させたり。ちょっと酒の勢いも借りて、これまでの苦労を吹き飛ばして仮住まいに臨むための決起集会でもあったのです。約六〇名が参加し、来るべき再建マンションでの再会を約して、地震後初めて住民全員がバラバラになることになりました。

三月末には、予定どおり解体工事に着工しましたが、やはり寂しいものです。一〇年弱しか住まなくても、子供たちが遊んだ百日紅の木がなくなり、まるで建物を食いちぎるように重機が動き回るのを見るのは、あまり気持ちのいいものではありませんでした。それでも、やがて新しい建物が少しずつ姿を現すようになってくると、やはりそれはうれしいものでした。

F建設の現場事務所には、住民用のヘルメットを設置してもらいました。自分たちの家ですから、やはりまめにチェックすることが大切です。毎月の工事進捗の報告書も逐一チェックしましたし、工程会議にも出ました。自分たちの家を作ってもらうのに、誰はばかることはありません。壁の色から駐車場の輪止めの位置まで口出しをし、内装のビニールクロスにノンホルマリンの接着剤を使うことも、時代を先取りして要求しました。

再建組合の集まりは月に一回となり、工事の進捗確認と、費用の変動のチェックが中心となりました。バラバラになったわがマンション住民のつながりは、管理組合だよりから名前を変えた再建組合だよりだけが頼みの綱となりました。

どんどん事業が進んでゆく中で、再建マンションの名前も決まりました。一〇を超える応募案の中から、再建組合理事会に選ばれたのは、フランス語の「17」を冠した「ディセット渦が森」でした。これはたまたまF理事長の案でした。今は亡きF理事長の名前は、マンション名と共に永久に残ることになったのです。

一方、G社は余剰床を販売しなければなりません。まず縁故販売です。すでにわがマンション住民のもとには引合が来ており、数戸はすぐに売れてしまいました。つづいてG社はビラを作成して近所に投函、販売用の看板を敷地内に立てたくらいです。新聞に広告が出た時にはもう完売、既にキャンセル待ちだったそうです。おかげでG社は、その後の新聞広告のキャンセルに腐心したそうです。販売活動三日で売り切ったのです。

ちょうど不動産価格の暴落が始まる前でしたから、もう三ヶ月遅れていたらG社は大変だったでしょう。G社にとって、これは本当に神風でした。かくして、再建マンションの余剰床販売と建築工事は、順調に進んでゆきました。

自分たちで管理規約をつくる——お仕着せの管理規約に暮らしを合わせる必要はない

新しい管理規約の作成も始まりました。当初G社は、お役所の標準規約を多少変えたものを使おうとしていましたが、すぐに再建組合理事会から却下されました。旧17号館の管理規約、建設省の標準規約と逐一突き合わせ、理事会で新しい規約を作成してゆきました。

その頃の一般的管理規約には、布団を干すなとか、洗濯物はベランダの手すりより下に干せとか、全く住まい方を考慮しない項目がありました。われわれのまわりは二五年前の建物で、物干し竿かけはベランダの天井から吊ってあるし、晴れた日には布団の展示会でした。こういうことは昔のままで良いのです。洗濯物は、やはり日差しにも風にもあててこそ気持ちのいい仕上がりになるのです。ここは渦が森です。日も風もある。だからそこに合った管理規約にするのです。この論理に従って、ベランダ手すり位置だった物干し竿かけも、無理を言って伸縮式のものに仕様変更してもらいました。

17号館は、以前から管理規約にはない事柄を、「居住者の約束事」として配布していました。これも管理規約の前に付けることにしました。占有部分における注意や災害防止の心がけなど、当たり前のことですが、それが重要なのです。わがマンションの最低限のおきてですから、ディセット渦が森になっても変わるものではありません。

オリジナルの管理規約・設備の使用細則・管理形態・管理費・管理委託会社は、九月の臨時総会で可決されました。この時、これまでの完全自主管理から、はじめてG社への一部委託管理となりました。G社への感謝という意味もありましたが、建替え事業の経緯から建設工事までを詳しく知るG社を逃がすまいという考えもありました。

続いて九月の終わりには、今度はG社からの買い戻し契約を無事締結して根無し草状態を脱出することができ、旧17号館住民は全員ほっとしたわけです。

仮住まいとコミュニティの維持

筆者の子供たちは中学校二年と小学校六年だったので、学区を変えることには抵抗がありました。旧17号館は小学校のすぐ近く、仮住まいのマンションは中学校の目の前だったので、息子は通学時間が一分になりましたが、娘は小学校へバス通学になりました。それよりも娘がかわいそうだったのは、夜眠れなくなったことです。今頃になって自己分析して「あれはPTSDの発現の一種だ」などと言っていますが、あながち大げさではありません。渦が森にしがみついていた時には現れなかったことが、引越しによって出てきたのかもしれません。ディセット渦が森に戻ったとたん、よく眠れるようになったのです。

筆者の仮住まいは、駅からも歩けて買い物にも便利、理想のマンションライフでしたが、旧17号館のようなご近所づきあいはできませんでした。こういう住まい方のほうが普通なのでしょう。筆者は仮住まいだったので、あえてコミュニティを探す努力も、溶け込む努力もしませんでした。賃貸者ですから管理費や積立金についても門外漢のままでした。

仮住まいの間も、旧17号館の人たちとは行き来がありました。再建組合の理事会はもちろん、その後はそれぞれの仮住まいへ偵察に行ったりしていましたが、相変わらず集まりのたびに飲んでいました。酔うほどに、みんな口々に渦が森の良さを思い出していました。

そんな中で、近況報告集を作ろうという話が出ました。全員一致で即決です。一一月の理事会で決定し原稿を募集すると、すぐ一九戸から返事が来て、ややつまらなくなっていた再建組合だよりに花を咲かせてくれました。その一部を紹介しますが、遠くは滋賀や大阪から近くは渦森団地まで、社交辞令抜きでみんな戻りたがっていました。冬寒く駅から遠く、とても不便な渦が森へ。

N・Tさん

大阪へ移った当時は、ハイハイだった下の子も、今ではお姉ちゃんの後を必死でついて歩いています。上の子も内弁慶ながら、もう一人前に生意気の言える三歳児となり、お友達が欲しい年頃。ふたりとも渦が森の、あの子供のいっぱいいる公園で、一日も早く遊ばせてあげたいと思う今日この頃です。私達、親の方も近くに百貨店があるのに、わざわざ元町まで出向いて大丸で買物をしてみたり…。

夏が待ち遠しいなあ…。

S・Yさん

神戸を離れて八ヶ月。

現在の住居は甲子園球場の隣り。徒歩一〇分以内に阪神パーク、ボーリング場、ゴルフ練習場、ファミリープール、競輪場とにぎやかな所です。交通も買物も便利ですが、その分騒音もすごく、落ち着きません。甲子園に暮らしてみて、渦が森の静けさがとても貴重なものと再認識している毎日です。一日も早く、心落着く渦が森へ帰りたいと指折り数えています。

N・Hさん

皆様、お変わりなくお元気でお過ごしでしょうか。私共も渦森団地7号館で元気に過ごしております。住環境も変わらず、部屋の間取りも以前と全く同じで違和感なく暮らしています。とは言え、やはりここは仮住まい、早くディセット渦が森で皆様と一緒に暮らしたいと思っております。未だ再建のめどが立たないマンションのニュース等を聞くにつけても、本当によくここ迄来れたとの感を新たにする事しばしばです。

現在の我家の最大の関心事（心配事）は末っ子の高校入試です。娘曰く「もしも高校受験に失敗しても新しい家に行けるもんネ」…!?　全然話は別だと思うのですが…。多分彼女は、今は苦しくても（苦しい事に出会ったとしても）楽しい事が待っているから乗り切れると言いたかったのでしょう。私も自分自身にそう言い聞かせながら日々を、送っております。

健康第一、これからますます寒さに向かいますが皆様お風邪などひかれませんよう、新しい年が良き年でありますよう!!　今年もよろしくお願いいたします。

E・Kさん

皆様、いかがお過ごしでしょうか。

転居後一年近くになり、転居先に馴染まれた方、また、近隣との潤滑剤となってご苦労されている方、様々な暮らしを楽しんで（?）おられますでしょうか。

私は、来るべき復帰入居の日を楽しみに、毎週末には渦森台～住吉川～JR住吉～阪神御影のコースで散策しております。

TV報道などで他のマンションの苦悩、訴訟話に接すると今更ながら我が17号館のチームワークと日頃の理解の深さに感服いたしております。新管理組合となっても、「よき関係を保ち、高めていければいいなあ。」と満面の笑顔の皆様と再会できる日を楽しみにしております。


一九九八年が明けました。仮住まいで迎えるお正月は最初で最後でしたが、感傷に浸る間もなく、四回目の一・一七は過ぎてしまいました。駐車場の希望調査や割り振りを実施したり、西側擁壁の復旧方法について近隣への報告を段取りしたり、月一回の理事会では作業を消化するのに精一杯でした。

四月にはモデルルームが完成しましたが、これは販売用ではなく内覧会みたいなものになりました。引き続き、四月には再建組合の総会を開催し、この一年の事業報告と収支の承認、一九九八年度の事業計画と予算の承認が行われました。事業計画はなかなかおもしろいものでした。

(1) 建替え完成までのスムースな進行確認

(2) 竣工式典の実施

(3) 管理組合設立後、再建組合の解散総会開催

いよいよ再入居が射程に入ってきたのです。この頃には工事も佳境を迎え、すでにディセット渦が森の軀体全容が、その巨大な姿を現しつつありました。

早く渦が森に帰りたい

六月には住宅金融公庫の借り入れ手続きを終了し、七月の終わりには正式に内覧会が実施されました。七月に実施した竣工検査は、さすがにワクワクしました。四年間役員をやって、これだけは役得でした。入居前に、建物と設備をすべて詳しくチェックして回ります。筆者は職業上、プラント設備においてこのような検査を何度も経験していましたが、今回ばかりは自分たちの住むマンションです。何だかぼーっとしてしまったのを思い出します。計画段階から設計施工まで、これほど住民が関わりながらでき上がったマンションはそう多くないでしょう。でも建替えを実施する場合は、好むと好まざるとに関わらず、基本的にはこうならざるを得ません。この機会を活かすも殺すも、住民の自分たちの住まいへ

の考え方しだいなのです。

竣工式は予定どおり八月一日、引越しはその一週間後から始まる予定でした。完成が秒読みに入った17号館復旧事業の中で、ディセット渦が森の管理についても着々と枠組みが作られました。管理組合の年度を暦年と同じにすること、したがって初代管理組合役員が選任される総会を一九九九年一月に開催することとし、入居と同時に成立するディセット渦が森管理組合の理事は、再建組合理事が兼任することなど、粛々と新しい管理組合への移行手続きが始まりました。再建組合はディセット渦が森ができた後も、すべての事業の精算が終わるまで存続します。複雑な組織ではありますが、最後の仕上げに一点の落ち度もあっては困ります。新たに迎える仲間たちともうまく溶け込んでゆかなければなりません。入居を前に浮かれたい気持ちを抑えながら、考えうる限りの細かい配慮を取り込んで、再建組合活動は続いていました。いよいよフェアウェイの狭い、超ロングホールもグリーンに乗りました。もうゴールは完全に見えていました。

竣工式と記念パーティー

いよいよ竣工式です。本当に久しぶりに旧17号館住民が揃います。仮住まいの一年半の間にはいくつかの動きがありました。復旧委員会の座長だったS・Hさんとわれらがボス Y・Tさんは、諸般の事情で転居されることになりました。その後も往き来はあるのですが、やはり寂しいことではありました。

現地で竣工式の神事、続いてG社の事務所の大会議室を借り、盛大なパーティーとなりました。その前に、ディセット渦が森前で全員の記念写真を撮ったことは言うまでもありません。この時ばかりは再建組合も暴走してしまい、この写真を大きく引き伸ばし、額にまで入れて配布したのです。もちろん誰一人として再建組合費の無駄遣いと批判する人はいませんでした。

（第3種郵便物認可）

東灘の半壊マンション

震災3年半 待望の再建

対立越え仲良く入居

交渉100回 **住民合意 喜びひとしお**

新しいマンションをバックに完成を喜ぶ住民ら＝神戸市東灘区渦森台2

震災で半壊し全面建て替えが進められていた、神戸市東灘区渦森台二の分譲マンション「ディセット渦が森」（旧・渦森団地17号館）が完成し、一日、しゅん工式があった。震災から三年半余り。建て替えか補修かをめぐる意見の対立を乗り越え、ようやくこぎつけた再建の日を、住民らは満面の笑みで迎えた。建て替えに反対していた住民全員が入居する例は珍しいという。（長沼 隆之記者）

もとの建物は、神戸市住宅供給公社が一九六八年に開発した渦森団地二十棟のうちの一棟。五階建てで計五十戸が居住していた。地震では西側の基礎の一部が破損、建物が傾き、半壊判定を受けた。

その後、建て替えか補修かをめぐり住民の意見が対立。建て替え派が多数を占め、ほぼ全員が住み続けながら協議を続けたが、話し合いは難航。コンサルタントが調整に入り、個別ヒアリングなどを通じて両者の相互理解を深めた。住民側も百回を超す話し合いを粘り強く続け、九六年十二月に建て替えを決議。再建組合には建て替え反対派だった住民も全員参加、九七年七月に着工した。

完成したマンションは敷地面積約二千九百平方㍍。地上六階、地下一階建てで住居は計七十一戸。権利者の転出分（七戸）を含む二十八戸を一般分譲、すでに完売した。総事業費は約十五億円。神戸市の優良建築物等整備事業制度の助成を受けた。

再建組合の藤田佳之理事長は「時間をかけて話し合った結果、合意にたどりつくことができた。長かったが、本当にうれしい」と感慨深げ。

コンサルタントの天宅毅さんは「コミュニティーが崩壊の危機にあったため、反対者の説得ではなく、情報共有を目指した。住民は再建後も共に暮らす。互いの思いを分かった上で戻れてよかった」と話した。

神戸新聞 1998 年 8 月 2 日朝刊

《マスコミに見る 17 号館建替え事業》

マスコミに出ることがほとんどなかったわれわれの建替え事業ですが，何度か地元テレビや新聞に取り上げられたこともあります．記事の見出しを見れば，周りがどのように 17 号館を見ているかがわかるのですが，どうしてもドラマチックになりがちです．それでも竣工式の記事はうれしいものでした．「対立越え」はちょっと大げさですが，喜びに誇張はありません．

この記事の 1 年半前，同じような写真撮影の模様と共に毎日新聞に掲載された記事には，「あせらず，じっくり住民合意　マンション解体ようやくスタート」とありました．これも言いえています．いずれの記念写真も撮影者は T・N さんでしたが，この 2 枚の間には，巨大な事業があったことを今さらのように思い出します．それでも，この事業より前に 2 年以上もの議論があったことを考えると，やはり長い長い道のりでした．（筆者）

円卓を囲む立食パーティーには、連合自治会や近隣各棟の役員さん、神戸市からもお運びいただき、喜びを共にわかちあっていただきました。一年半前の、さよなら大パーティー以来という方も、少しも変わっていなくて、本当に安心しました。システムキッチンのショールームをはしごして勉強した人や、次々と神戸に建てられつつあったマンションのオープンハウスで内装や仕上げを調べた人など、相変わらず勉強熱心な旧17号館住民の戦果もたくさん聞いて、また勉強になりました。筆者は司会の大役を仰せつかりましたが、引越しで痛めた腰の具合が悪く、しゃべっている時以外はずっといすに座っているという情け無い姿で、汚点を残したのが唯一残念です。

この日ばかりは普段のわれわれの毒舌も影を潜め、天宅さん・G社・F建設には心からの感謝状と記念品を、再建組合から奮発しました。たくさんのノウハウ以外に彼らに何かをあげたのは、これが最初で最後です。

地震から三年半余りを経て、本当に大きな肩の荷が降りたような気がしました。一年半振りに同じ場所で撮った写真の笑顔が、その人の自分自身への評価を現していると思います。お世辞抜きにみんなとても良い顔です。写真のバックは全く変わっていますが、このことが17号館の復旧すなわち建替え事業の結果を物語っていると思います。

二〇年かかることを三年半で——遅かれ早かれ直面すること

ようやく三年半の活動が幕を下ろしそうです。これを長かったととらえるか短かかったと理解するかは、人によって違うでしょう。マンションの建替え実現までには、普通二〇年くらいかかるという話を聞いたことがあります。やはり合意の熟成に時間がかかるのです。もちろん、老朽化と地震災害ではスタート地点が異なります。それにしても、これまで牛歩の17号館と思っていましたが、案外俊足ランナーだったのかもしれません。

われわれのマンション復旧は、結果的に建替えを選択しましたが、全く備えのない状態での被災からの始まりでした。一からのスタートどころか、まず被災ありきで、マイナスから始まったと言ってよいでしょう。だから随分しんどかったし、火事場のバカ力も出せました。でも、数あるマンションとそこに住まう人たちにも、この状態は、いつか必ず自分たちのこととして降りかかってきます。例外なく、確実に。

人の一生と同じで、遅かれ早かれマンションにも死は訪れます。人間と異なるのは、その死の迎え方が限りなく緩やかで、しかも先送りできることです。有機物の人間と違って、これについては多少マンションの方が有利ですが、老朽化そのものを避けることは、絶対にできません。このことは良く知られているのに、この期に及んでもマンションの長期修繕計画や建替えの検討は、まだまだ不十分です。国土交通省の統計でも、長期修繕計画を作成しているマンションは全体の八〇％以上ですが、建替えの検討を全くしていないマンションも八〇％を超えているのです。これは三年前の数値ですから、今は改善されているかもしれません。でもこの間にもマンションは確実に年をとっているのです。一〇年ごとの屋上防水や外壁塗装に要る費用を、時間軸に書き記して長期修繕計画を作ることも必要ですが、やはり、根本的に自分のマンションはどうあるべきかということを、常日頃から考えておくべきです。外壁塗装の延長線に建替えがあるのではないからです。

緩やかに衰えてゆくマンションに対して、兵庫県南部地震後もどれだけの天災が襲いかかったでしょう。まさか自分のマンションが巻き込まれるなんて、どれほどの住民が自分のこととして考えているでしょう。まさか17号館を建替えるなんて、われわれ住民全員が全く考えていなかったことは、筆者の経験として断言できますから。やがて大地震がやってくれば、あの時と同じことが繰り返されます。タンスと天井に突っ張り棒を入れるという問題ではないし、地震保険に入っているから安心ということではないのです。

マンションは、金で買ったただの箱ではないということです。戸建てよりもはるかに複雑で厳しい環境を買ってしまったということです。でも、みんながそれを認識していれば、かなりのことがやりとげられるということでもあります。建替えという事業は、おそらくマンションというものにとって最大のイベントです。住民として最大の出来事に自ら立ち会ったわが17号館の人たちは、あえて、幸せだったということにしておきましょう。

第 6 章

地震が教えてくれたもの，コンクリート長屋の視点

谷側（西側）から見たディセット渦が森

「コンクリート長屋」という考え方

これまで、被災から二年に及ぶ議論と検討の末、建替えを選んだわがマンションの震災復旧の足跡を見てきました。この事業に、住民であり事業主体として携わってきた経験から、あらためて評価と提案をしてゆきたいと思います。

これまであえて言葉に出すことを押さえてきた考え方、それが「コンクリート長屋」という発想です。われわれのマンション建替え事業が成功したと見えるならば、その底流には地震のはるか前から地道に育まれてきたコミュニティがあったと思います。お互いを認め合い、素人住民が大きな事業を成し遂げた理由は、他に考えられないのです。

マンションにおける昔ながらのコミュニティを、筆者はコンクリート長屋と呼んだりマンション長屋と言ったりしています。来し方行く末は違っても、今この時を同じ屋根の下に暮らしているという、昔ながらの住まい方への視点が、あらゆる危機管理には最も大切だと思うのです。

あの地震と震災に立ち向かえたのは、警察でも消防でも市や県でもない、ご近所付き合いであったことは良く知られています。バケツリレーができたのも、瓦礫を掘り進めたのも、ご近所の力です。行方不明者を特定できたのも、その人を知っていたからです。下町の付き合い、昔の付き合いとでも言うのでしょうか。結局命を守ったのは、昔からの古い古い住まい方、暮らし方だったのではないでしょうか。

新しい住まい方であるマンション生活において、これまでコミュニティは意識的に排除されてきたと感じます。今になってみんなで子供を守れなどと言っていますが、これまでのマンションの広告では、近所を気にせずプライバシーが守られることだけを、売り文句にしてきたはずです。要塞のように監視カメラに守られたマンションこそ、価値があると思われてきたはずです。隣に住んでいる人の顔さえ知らないことが普通で、それを求めてマンションを購入する人も多かったはずです。このような暮らし方の負の部分が、あの地震で一気に噴き出したと思えてなりません。

マンションが、戸建てへの通過点であった時代は確実に終わりました。国土交通省の調査でも、マンションへの永住意識は一九九三年にちょうど住み替え志向と同じ三一・六％でしたが、二〇〇三年には永住希望者が四八％、住み替え希望者が二六・五％と大きく逆転しています。一九八〇年には永住希望が約二割、通過点が約六割だったのに、二〇年間で変わってしまったのです。一方で、年間二〇万戸が供給され今では四〇〇万戸を超えるといわれるマンションは、数年後には築後三〇年を超えるものが一〇〇万戸に達するといいます。補修か建替えかという単純な議論ではなく、マンションにおける住まい方や維持の仕方について、十分なコンセンサスづくりが必要だと思います。

木造平屋が鉄筋コンクリートに変わっても、マンションというのは長屋です。建物の構造ではなく、住まい方という意味で。他人同士の運命共同体という意味で。この書き物でもっとも強調したいこと、それがコンクリート長屋の視点です。

新住民と旧住民――コミュニティ形成の実験場へ

一九九八年八月に入居が始まった新生17号館、すなわちディセット渦が森には、多くの仲間が増えました。余剰床に加え、事業中の転出などで新たに三〇戸の新規入居があったのです。

新築マンションでは、いっせいに入居者が出会うことになりますが、自分のマンションを自分たちで造った旧17号館の住民と、建替え事業に関係なく新築マンションとして購入した新たな仲間とは、完全に別グループになってしまいました。筆者はこれを「旧住民と新住民」と呼んでいます。どちらに対する揶揄でもなく、現実としてこういう状況になってしまったのです。このことは、マンションへの想いに大きな違いを持つ二つの集団が突然生まれたということです。いくら近所で建替え事業を見ていた方が多かったとは言え、完成後に購入した人たちに、われわれと同じ想いを求めるのは無理があります。

建物に対する思い入れの差が、まず見えてきました。旧住民は、概ね共用部までことさら丁寧に掃除をしています。かわいい自分たちのマンションだから当然です。一方、共用部の清掃は委託になっているのだからというスタンスの人は、新住民に多いのです。

旧住民と新住民という分化は、コミュニティとはどんなものかという命題に対する回答の違いを見せてくれます。新生マンションは期せずしてコミュニティ形成の実験場になったのです。そしてその実験は、竣工後七年を経て今も試され続けていると思います。

三〇年以上前の発想である階段室型の旧17号館の構造は、縦のコミュニティを強固に形成していましたが、新しいマンションは、共用廊下が各階を一直線に串刺しにする構造です。再建組合でも、「縦から横へのコミュニティの変換だ」などといきがっていましたが、やはり横の方が難しいということがわかりました。騒音の問題でも、隣戸への影響より上下階への伝わりの方が大きく、やはりマンションにおいては、上下階のコミュニティの存在が無視できないのです。

玄関ホールですれ違っても、相手が何階の人かわからないことがあります。エレベータを縦軸として、帰り道は各階に枝分かれしてゆくわけですから、一〇戸しかない階段室コミュニティとは違うのです。筆者には良し悪しを決める力はありませんが、両方を体験したものとして、基本的なコミュニティの最小構成要素に違いがあるということだけを書き留めておきます。

その後の新生マンションのことも少しだけ書いておきます。

入居後一ヶ月点検から一年点検までの不適合チェックを経て、旧17号館住民も新住民とともに、今では落ち着いた暮らしを取り戻したと言えるでしょう。一九九九年には平常時の管理組合運営がスタートし、各階ごとの輪番理事制度に戻りました。

これまでの自主管理から委託管理となったので、年に二回の近所の渦森公園の清掃や、総会とその後の消防訓練くらいが、全員の顔が揃う数少ない機会となりました。以前ほど強力な結合力はありません。筆者の足掛け五年にわたる役員在任記録も終止符を打ちましたが、二〇〇四年度には早くも輪番理事が回ってきました。今度は、設備担当理事として、竣工後の後始末とでも言うべき駐輪場の増設や、それに伴うごみ置き場の移動について神戸市環境局と折衝するくらいで、すんなりと任期は終わりました。平常時の理事会活動は、今にして思えばこんなものでしょう。

それでも理事チームに新住民が入ることで、理事会などいろんな会話をとおして、自分たちのマンションへの想いが共有できるようになったと思っています。ご近所の棟から越してきたA・Kさんなど、まるで旧知のように思えてきました。その棟では事あるごとに敷地内でお酒を飲んでいるそうです。お花見しかり、バーベキューしかり。よその棟のコミュニティも垣間見ることができて、やっぱりどこでも同じだと、意を強くしたものです。

さすがのわれわれも、どんな新規入居者がやって来るかというシミュレーションまではやらなかったので、若い人たちが増えたことは本当に驚きでした。きっと平均年齢は一〇歳以上若返ったことでしょう。筆者の子供たちが小学生だった頃の集団登校班は二つでしたが、下の子が卒業する頃には一つになっていました。それが今、小学生の数が数人から二〇人近くに増加するということは、マンションそのものの若返りと活性化を意味します。高齢化が進み、子供の声が響くことが少なくなった団地の中で、わがマンションは特異な存在となりました。

えらそうにコミュニティなどと言っても、人がいなくなればおしまいです。まして次の世代がいなくなれば、マンション自体が過疎の村と同じになります。若返りなくしてコミュニティの継続なしと言っても、決して過言ではありません。

マンションはスラム化する――居住者の代替わりはない

戸建ては一般に住み継がれます。跡取りなどという、象徴的なことばもありますが、マンションは通過点だという考えのために、住み継ぐ意識がなくなってしまったのでしょうか。うまく世代交代を遂げつつあるマンションもありますが、今が最も過渡的な時期と見るべきでしょう。当団地くらいの古さのマンションには、マイホームを一次取得して子育てを終え、既に定年を迎えた人たちが一番多いと思います。若返ったわがマンションにもそんな世帯が二〇世帯ほどもあり、筆者のような子育て完了予備軍も一〇世帯以上あります。これらの住戸はその後はどうなるのでしょう。マンションの歴史の浅い日本では、今ようやく本当の代替わりの時期を迎えていると思います。

筆者が苦労して設計にまで口出ししたこの住戸に、子供たちが住むかどうかは全くわかりません。もし子供たちがここで暮らさなかったら、筆者夫婦は老人ホームへ、そしてマンションは、中古として流通してゆきます。これでも他人による代替わりにはなりましょうが、どんな人が入ってくるかは全くわかりません。コミュニティもいったん途切れます。住み継いでゆくということが、次世代への縛りとなり足かせとなっていたからこそ高度経済成長時代のマンションブームがあったのですが、今度はマンションにおいて、その問題が起こっていると思うのです。マンションの跡取り問題などということばが、しばらくするとマスコミを賑わすことになるかもしれません。

仕方なく売りに出されたマンションは、買い叩かれながら流通します。築後何十年も経ち、仕様も管理もレベルが低いところは、見る見る値段を下げてゆくでしょう。安いマンションを手に入れる人たちは、そこしか手に入れることのできない人たちです。もちろんお金持ちを礼賛しているのではありません。マンションにおいて、資産価値が大事なのは、高く売って儲ける目的ではなく、安くなっていろんな人たちが入ってくることを防ぐという理由だと筆者は思います。意識の低い人たちが増えてゆくことを、筆者は「マンションがスラム化する」と言っています。住み続ける限りは資産としての価値はいらないとか、そもそも資産として売買するための建替えをするなという考えは、決して正解ではないのです。

これを書いている今、当団地の3DKが三八〇万円で広告に出ていました。これなら貯金をはたけば、何とか筆者にも買えそうです。たとえばこれを買って物置として使い、大規模修繕の話が出たら長期的ランニングコストの詳細検討を大声で要求し、建替えとの得失を逐一比較検討して建替えを主張し、多数決で建替えが決まれば、今度はゴネて三八〇万円以上貰って出てゆけば、十分ペイします。

マンションをいったん購入すれば、いくらで買ったかは関係ありません。その日から他の区分所有者と全く同じ権利が得られるのです。これは法律の盲点かもしれません。その人が投資した金額や、どれほど長くそこに住んでいたかなど、全く関係がないのです。安い投資で一儲けできる可能性もあるのです。こんな輩が現れることが怖いのです。いったんこうなると、マンションはますます安くなり、あるいは売れないから賃貸に出そうという話にもなって、管理はどんどん混迷します。ついには入居する人がなくなり、空き家が目立つようになれば、もうそのマンションの社会的生命は瀕死状態となります。最後に、解体するにもその費用さえ出せなくなった時が、マンションの絶命です。そうなれば廃墟になるしかありません。アメリカでも現実にこの状況が発生し、最終的には行政が買い支えたという話もあるそうです。

更新が前提の建築はない――ハードウェアの実用的限界

マンションの寿命は三〇年と言われています。最近では寿命四〇年とか五〇年という話もあります。これって、石油の寿命はあと一〇年というのに似ていませんか。三〇年前の予想では、もうとっくに石油はなくなっているはずですが、そうはなっていません。つまり社会的な情勢で寿命まで変わってしまうという、おかしな話です。

石油とマンションは事情が違いますが、マンションの方が自分たちの判断で長く持たせることができます。三〇年で崩れるわけではないのですから、あわてることもありません。しかし、問題は躯体よりも設備です。これらはコンクリートより寿命が短いので、やはり心配ですが手はあります。排水管を外付けするとか、給湯器を交換するとか、分電盤の容量を上げるとか、対策は可能です。躯体のクラックから水が浸み込んで鉄筋を腐らせることや、コンクリートが中性化することも、技術的にはかなり止められるでしょう。おそらくハードウェア的なマンションの寿命は相当長いはずです。特に当団地のように壁構造のものは、潰れたり壊れたりはしないと思います。

建物としての耐用年数は十分であったとしても、問題はそれだけで良いのかということです。つまり、今の時代の住まいとして適当かどうかということです。時代と共に何でも拡大傾向に行くとも限りませんが、いくら補修をしても変えられない仕様もあるからです。フローリングにするくらいは簡単ですが、壁を取り払ったり追加したりするのは現実的には不可能です。

われわれのマンションの復旧についても、社会的寿命について随分と議論しました。自分たちが住みやすくするためには、それなりの要求仕様を満たしたものでなければなりません。バリアフリーなどということばは、旧17号館ができた頃にはなく、LDKという発想もなかったでしょう。時代と共に求めるものは変わるので、住まいもそれに合わせる必要があります。もちろん一〇年に一回建替えろと言っているわけではありません。しかし、旧17号館のバリアフリー化という要求仕様には、建替えが一番近道であったことは確かです。

そもそも改造や建替えを前提としたマンションはありません。出来上がったらおしまい、買ったら間取りも設備も固定というのが普通です。これに気付いて、国土交通省もSI（スケルトンインフィル）住宅に注目しているようです。スケルトンといわれる構造軀体はガチッとそのまま、中身すなわちインフィルをこれとは完全に分離して、自由に間取り変更できるようにしたものですが、これとて、かほどに柔軟ではないという意見もあります。とにかくマンションは本質的に融通が利かないものだということを認識しておく必要があります。

高齢化問題とお年寄りとのつながり――オールドニュータウン化を防ぐ

自分の家におじいちゃんおばあちゃんは居なくても、まわりはお年寄りばかりです。オールドニュータウンとはよく言ったもの。かつてニュータウンとして都市近郊に続々建設された団地群の今を示すことばです。全国にも数多くのニュータウンという名の街があると思いますが、そのほとんどすべてがオールドニュータウンに変貌しつつあると言って差し支えないでしょう。

　この原因をあげつらうことはさておくとして、やはり確実に老いてゆくニュータウンを再生させる必要があります。流行のことばで言うならば、サスティナブルな街にするために力を投入しないと、その先にあるのはスラム化と廃墟であることは指摘しました。神戸市でも多くの力が投入され、結果が出る一方で模索も続いていますが、まだまだ十分だとは言えません。われわれのマンションのように、建替えただけでグンと若返るケースもありますが、全部建替えろというのもやはり無策です。

　腰を悪くしてから、筆者は階段が本当に苦手です。17号館が建替えられていなかったら、おそらく近い将来転居するでしょう。今でもつらいのにこれから何十年も昇降を続けることができるとは思えません。エレベータを増設するといっても、階段室型の構造では現実的ではありません。五階に昇れなくなったからといって、住み慣れた渦が森を離れるのは悲劇だと思います。若い人こそ、この現状に三〇年後の自分を重ね合わせて、真剣に対策を考えるべきでしょう。

　われわれのマンションでも、多いときは六戸の一人暮らしがありました。単身者がますます年老いた時、やはり心配です。孤独死は震災復興住宅に限った特徴ではなく、高齢化したマンションすべてに当てはまると思います。一方、知恵袋のようなお年寄りもたくさんいます。やっぱり先輩の経験には勝てません。歳を追い越すこともできません。知識はともかく、知恵は教えてもらうしかないのです。オールドニュータウンが悪いことばかりだとも言えません。お年寄りばかりになると良くないのですが、お年寄りから学ぶことは無限にあります。やはり世代のミックスが必要です。

マンションコミュニティをつくる――自主管理とコミュニティ

今思うと、やっぱり自主管理がわれわれのコミュニティを作ったのでしょうか。それならば新たに入居した人たちにとっては、お付き合いを作ることへの壁があるかもしれません。昔のように、いやいやでも月二回の敷地内掃除に出れば、自然と付き合いは出来てくるでしょう。大事なことは、同じ建物に住む人同士の声掛けだと思います。これだけは、間違いありません。

ディセット渦が森になってから、何度かマンション住民全体のイベントが開催されました。駐車場を使ったバーベキューや餅つき、渦森会館でのクリスマスイベントなど、その時々の理事会が発案したり、有志が段取りをしたものです。意外な人が餅つきのノウハウを持っていたり、嫁いだ娘さんが赤ちゃんを抱っこして帰ってきたり、仕切り屋のおじさんがいたり。普段は全く自分の暮らしに関係がないと思っていた人たちが、やっぱり仲間であることがわかります。

そして何よりも、子供たちに思い出が残ります。彼らがディセット渦が森にどんなイメージを持つかは、大人たちの努力で決まるのです。筆者の子供たちも、旧17号館の砂場でのバーベキューを、随分よく覚えています。グンと増えた小学生たちに、ディセット渦が森のアイデンティティとでも言うべきものを持って欲しいと思うのは、少し行き過ぎでしょうか。

こうした些細なコミュニティづくりの努力に対しても、いろんなことを言う人はいます。いわく、駐車場の目的外使用は違法である、こういうイベントに管理組合費を支出するのはスジが違う……。同じコンクリート長屋に住んでいてもこうです。共有敷地内で区分所有者が、しかも一時的にイベントを行うことに違法性はなく、組合員相互の親睦を図ることこそが管理組合の究極の目的ですから、このようなイベントは、本来、管理組合こそが主体となって推進すべきなのです。批判されるべきものではありません。大いにやりましょう。

もちろん、マンションコミュニティをつくるのは、バーベキューや餅つきだけではないでしょう。実は、検討しつくしたはずのわがマンションの設備に、活用されていないものが一つあります。それは共用廊下に点在する花台です。世話が大変だからか、下に落ちてトラブルになるのが嫌なのか。実は筆者の住戸前の花台も、いつも空っぽです。でも、同じ階のT・Kさんの住戸前の花台は、いつも季節の花でいっぱいです。これがコミュニティだと思うのです。花を飾ることがコミュニティなのではありません。T・Kさんの視点がコミュニティへの足がかりなのです。共用部に物を置くなという「べからず」管理は簡単にできても、花台に花を飾ろうというムーブメントはやはり起きにくいのです。

こんなことにも、管理組合は積極的になるべきだと思います。輪番の理事会が執行機関として機能しなければなりません。理事が回ってくることを、チャンスだと思えるようになればしめたものです。みんなの住まいに何ができるかという視点が大事だと思います。井戸端会議だけがコミュニティではなく、T・Kさんのような気持ちと行動がコミュニティをつくってゆくベースに違いありません。何かの縁あってそこに住む人たちが、何がしかの気持ちの持ち出しをする必要があります。持ち出しの大小が問題なのではなく、それがあるかどうかが問題です。

マンションコミュニティを取り巻く環境――住まい方に対する行政はあるか

コンクリート長屋の思想が、何となくお伝えできているでしょうか。ここからは目を外に向けて見ましょう。

マンションという住まい方が現れ、あわてて区分所有法ができ、その後の阪神淡路大震災を経て、随分行政は変わってきたと思います。特に神戸を中心とする被災地では新たな試みが数多くあり、個人からも管理組合からも相談を受け付けてくれるようになりました。建替えだけではなく、補修の手法から融資の相談まで、おおよそ住まいに関することの一次窓口はできています。こんな組織があの時あったらと思うと悔しいのですが、あの苦労があったからこそ行政も動き始めたのです。

それでも、住まいはやっぱり自分たちのものです。あまり行政に頼るのは間違いです。あくまで情報収集を中心に、場合によってはいろんなことに対する補助も出るようですから、そういう時はありがたく利用させていただくのが良いでしょう。

地震後神戸市の各小学校区ごとに創設された「防災福祉コミュニティ」も同様です。防災用の工具類を公園に備蓄したり、ミニコミを発行したりと、行政によって生まれた組織が本当にご近所のコミュニティに生まれ変わると、いざという時に力を発揮します。着想は十分に評価できると思います。

このように、本当に地域に根ざしたコミュニティとしての防災活動はまだ緒についたばかりです。どんな結果が出てくるのかは一〇年以上先のことだと思います。それまでにまた天災がやってくることなく、コンクリート長屋の上部組織として、地域コミュニティが成長してくれると良いのですが。

超高層大規模マンションと今後のマンション暮らし

最近、神戸市にも、超高層マンションの建設が多く見られます。筆者は超高層マンションにも多くの課題があると考えています。容積率の緩和政策とあいまって、箱物を天に向かって積み上げるというあまりに古い発想だけでは、ゼネコンの悪あがきと言われても仕方がないような気がします。

いったいどうやってメンテナンスするのでしょう。清掃はどうする、塗装はどうする、建替えなどやはり想定外なのでしょうか。筆者もエンジニアですから、まあその構造や考え方は理解できないこともないのですが、中に暮らす人たちに視点を移すと、ちょっと心配になります。同じ間取りでも、階数によって価格は二倍にもなるという、おおよそ信じがたい住民構成そのものも気になります。

これまで書いてきたような、長屋としての合意形成はまず無理でしょう。普段のメンテナンスは、事業会社系列の管理会社が実施することは間違いありませんが、天災などで何かトラブルがあった時の対応はどうするのでしょうか。総会への過半数の出席すら難しく、意見集約は困難を極めることが予想されます。子供が外へ出て遊ばなくなるという心配も重要ですが、何かあった時にコミュニティとして機能するかどうかは、ホテルではなく暮らしの場としてマンションを見て、購入時に十分考えておく必要があるでしょう。眺望や便利さだけで判断するべきではないと思います。

それでもマンションという住まい方がなくなることはありません。やがて人口が頭打ちになって高齢化が進むとますます増加するでしょう。郊外の戸建てから、都市のマンションの便利さを求めての再流入も進むでしょう。その中で良好なコミュニティを育むことは、もう難しいかもしれません。ディセット渦が森になってから、ふとそう思うことがあります。でもそれにひるむと、せっかくのコンクリート長屋の発想は遠のいてゆくでしょう。それこそコンクリートの棺桶になりかねません。やがて、マンションに住むこと自体に、一大決心が要るような時代になると思います。本当はこれまでも、今でもそうなのですが、あふれんばかりの広告だけではわからないのです。セキュリティがしっかりしていることと、良好なコミュニティはまるっきり違うものです。プレイロット（砂場などの子供の遊び場）があることも、コミュニティとイコールではないのです。

マンションがふるさとになる――買った世代・育った世代・戻ってくる世代

われわれ素人のマンション建替え物語も、間もなくおしまいです。三年半の間に学び、その後七年間に確信するに至った、筆者のマンションへの想い入れをまとめておきます。

高度経済成長時代にできたマンションは、間違いなく転機を迎えています。第一世代として当団地を新築で買った人たちは、もうすぐお年寄りとして苦しい状況になるでしょう。それを助けるために戻ってきている、ここで育った第二世代の人たちもかなりあります。やっぱりみんな、自分が育った当地が好きなはずです。

そして彼らがここで子育てをすれば、これから第三世代となって巣立ってゆく子供たちが、やがてまた帰ってくるというのが、筆者の思う理想的な継承サイクルになります。こうした世代の継承と混在が相互乗り入れとなって、本当のマンションコミュニティを作ると思います。

子供の声が聞こえない街は、死にゆく街です。少なくともわがマンションには、多くの子供たちが暮らすようになりました。彼らがここに戻りたいと思うように育てるのは親たちだけではなく、コンクリート長屋の住民全員だと思っています。

子供を守るために見張りも必要でしょうが、知らない人について行くなというきまりの裏返しは、子供を良く見知った人が必要だということです。緩やかで弾力性のある関係が、コンクリート長屋の住民の本質だと思っています。

みんな気に入って、ここに住んでいるのです。建替え決議に賛成しなかった人たちも想いは同じだから、今でも全員が同じコンクリート長屋に住んでいるのです。できれば子供たちにも帰ってきて欲しいという想いは、ここに暮らす人たち全員にあるでしょう。筆者の家からもやがて子供は巣立ち、戻ることはないかもしれません。それでもここは、まだコンクリート長屋のままであるはずです。

ふるさとは、山あいの緑豊かな村とは限りません。渦森団地など、かなりそのイメージに近いのですが、実は天下の大都会・神戸市です。それでも、ここを巣立っていった子供たちが、ここをふるさとだと言えるような街づくりこそが必要です。それは役所の仕事ではなく、ここで暮らすわれわれの務めだと思います。

この先、当団地がどのように変貌して行くか、今の筆者には全くわかりません。もう一〇年もすると、多少なりとも渦森団地の行く末が見えているような気がします。そのころには、ここで育った第二世代への継承の成否が見え、次の第三世代が戻るのを待ち受けているはずだからです。

▲オールドニュータウンと成熟社会のまちづくり▼

安田丑作（神戸大学教授／都市設計学）

一九六〇年代から大都市を中心に押し寄せた宅地需要の波は、神戸では、はじめ市街地のすぐ背後の六甲山麓を這い上がり、幹線道路沿いに小規模住宅地が市域の西部や北部に無秩序に拡大していきました。その後、一住区（一小学校区、計画人口五〇〇〇人）程度の規模の比較的まとまった住宅団地開発が、はじめ市街地東部の六甲山麓にはじまり、ついで市街地西部での山麓開発へと進み、さらに七〇年代に入ると、広大な西神《せいしん》丘陵地での「西神ニュータウン群」のように、いくつかの住区からなる本格的な大規模ニュータウン開発へと展開をみせました。

これらの新市街地の開発は、「山、海へ行く」のキャッチフレーズで知られるように、その多くが臨海部の埋立てや人工島の造成のための土取り跡地を利用したものです。地方自治体である神戸市が自ら事業主体となって、宅地造成と住宅供給を同時に進める〈公共デベロッパー方式〉による開発利益の社会的還元を図る都市経営として、当時注目されたものでした。

この本のマンション建替えの舞台となった渦森団地は、本文にもあるように神戸市東部の六甲山麓の渦森山を削った土取り跡地にできた住宅団地の最初期のもので、市街地との標高差は三〇〇m近くあります。その最初の入居(一九七〇年)から三五年。当時の住人も建物や施設などすべてが新しく若々しかった文字通りのニュータウンは、大きく様変わりしてきています。

もちろん、当時の削り取られた山肌がむき出しの土地には木々の緑が生い茂り、緑豊かな住宅地環境が形成されています。しかしその一方、国勢調査の居住人口は一〇年後の一九八〇年の五〇九二人をピークに早くも減少しはじめ、現在(二〇〇五年)では、三五五五人となっています。それと同時に、人口の年齢構成では六五歳以上の高齢人口比率が高く、一五歳以下の若年人口比率の低い、人口構成の高齢化が着実に進んでいます。

そのため、幼稚園や小学校に空き教室が生じる一方で、高齢者利用施設が不足し、地区センターでは施設運営が困難になり、施設の老朽化や陳腐化など施設と生活とのミスマッチも見られます。こうした現象を、住宅団地やニュータウンの「オールドタウン化」と呼んだり、もっと直接的に「オールドニュータウン」と言ったりします。

少子・高齢化と地域社会の衰退

ところで、ちょうどこの住宅団地が建設された頃、よく「ドーナツ化現象」といった言葉を耳にしました。都心やその周辺の既成市街地から、比較的若い夫婦と子供の核家族層が大量に郊外住宅地やこの渦森団地のような住宅団地に移り住み、その結果、都心周辺の市街地住宅地では人口減少や高齢化が急速に進み、都心とその周辺で生じた夜間人口の空洞化と郊外にリング状に人口増地域のある都市の姿を表現したものでした。その後、都市周辺では、夜間人口の減少だけにとどまらず次第に地域社会全体の衰退へと向かう、いわゆる「インナーシティ問題」を生みました。

当時その大量の移住人口の受け皿となった比較的早くに開発・建設された郊外住宅団地やニュータウンにおいて、現在「オールドタウン化」が進行しているわけで、「衰退するインナーシティ、成長するニュータウン」といった関係が否定されただけでなく、これまで無縁と思われていた地域社会の衰退といったインナーシティ問題と類似する問題を抱えはじめたと言われます。

もちろんこうした背景には、何よりもわが国全体として急速な少子・高齢社会を迎えていることが大きく影響しています。他方、すべての住宅団地やニュータウンがオールドタウン化の問題に直面している訳でもありません。しかし、これまでのいろいろな調査の結果からは、入居後三〇年以上経つ住宅団地では、ほぼ例外なく人口減だけでなく世帯減も続いています。それと同時に、現時点の高齢人口比率はインナーシティに比べるとまだそれほど高くはないものの、今後一〇年で高齢化の進行が加速すると予想されます。

一方、駅から近く生活の利便性が確保され、住宅の市場性にも恵まれた集合住宅を主体とした大規模ニュータウンでは、高齢化の進行が比較的ゆるやかです。しかし、内部の個々の住宅地に着目すると、その変化の傾向はかなりちがったものになります。

高齢化は、戸建て住宅団地や公営住宅団地に顕著で、分譲マンション団地や旧公団賃貸住宅団地ではそれほどでもありません。少子化の影響で年少人口比率は急速に下がっていますが、分譲マンション団地では戸建て住宅団地ほどではありません。これらは、居住者の入れ替わりがあるかどうかによって左右されますので、定住性の高い戸建て中心の住宅団地では高齢化の影響が一層深刻に現れます。

渦森団地の場合、北側に戸建て住宅ゾーン、南側に市公社の分譲マンションの集合住宅ゾーンといった二つのゾーンから成り立っています。この団地では、集合住宅の戸数が戸建て住宅の倍以上を占めていますから、団地全体としては、他の戸建て住宅だけで成り立つ団地に比べるとゆるやかな年齢構成の変化にとどまっていました。

しかし、二つのゾーンごとの居住者の年齢構成をみると、戸建て住宅ゾーンの高齢人口比率は、二〇〇〇年の時点ですでに三六・四%と高く、五歳階級別の人口構成では六五～六九歳に大きなピークがあり、ついで七〇～七四歳、七五歳以上とつづきます。一方、集合住宅ゾーンでの高齢人口比率は一六・三%と比較的低く、五歳階級別では五〇～五四歳と六〇～六四歳に小さなピークがあるものの、あまり突出した年齢層が見られないのが特徴です。

このような二つの住宅ゾーンでは、居住者の年齢構成のちがいを反映して住環境要求や課題も当然大きくちがってきますが、なぜこのような居住者層のアンバランスが起こってしまったのでしょう。特に、戸建て住宅では、家族が住みはじめ時間の経過とともに親世帯の年齢が高くなり、子世代が独立して家族規模が縮小すること自体は自然です。入れ替わりの激しい都市住宅のなかで、定住社会の実現という意味ではむしろ評価されます。しかし、一時に建設されわずか数年でほとんどの住宅への入居を終えた団地では、住居タイプのバリエーションが少ないことも影響して当初入居者層に大きな偏りが生じました。その後、少子化による世代交代の沈滞、住み替え中古市場の未成熟なども手伝って、その歪みが急激な高齢化という形で残り、そのことがオールドタウン化の問題の根底にあると言えるでしょう。

住宅団地の再生のために

それでは、この住宅団地のオールドタウン化を克服する妙薬はあるのでしょうか。もちろん、入居した時のような住宅団地の姿に戻ることはあり得ないことです。入居当時のこの街が特別な街であり、現在のこの団地の置かれている状況こそが普通の街への出発点と考える必要があるでしょう。その際、インナーシティの場合と決定的に違うのは、道路や公園などの都市基盤は整っているわけで、大規模な再開発などのような外科的手術を必要としているわけではありません。

オールドタウン化から本来の成熟化した街へと向かうためには、居住者構成の変化とそれに伴う住要求の変化に柔軟に対応することのできる「住環境マネージメント」の確立が急がれます。それは、地区施設の管理・運営、街並み景観の形成、コミュニティの育成などの幅広い住環境上の問題を漸進的に解決する、住民、専門家、行政による「協働のまちづくり」の取り組みから生まれるものです。そのなかで、高度成長期に大量供給された標準世帯に対して画一的な標準住宅によって成り立つ住環境を、より多様性のある選択性の高い住まい方が実現できるように切り替えていくことは欠かせません。

著者の村上さんたちのマンション再建の取り組みは、決して被災マンション一棟の建替えというだけでなく、こうしたこれからの課題解決への第一歩となる勇気ある挑戦と言えます。しかも、そのことが気負いなく本音で語られ、人々の暮らし方、住まい方の多様性を容認することが大切との指摘に大きな共感を覚えます。

ところで、最近「ソーシャル・キャピタル」という言葉がまちづくりの世界でも注目されています。社会的資本、社会関係資本、市民社会資本などと訳されたりもしますが、なかなか簡単な日本語にはなりにくく、その意味も曖昧なところの多い言葉です。「人々の社会的なつながり(ネットワーク)とそこから生まれる規範や信頼」といったことに価値を認めることと理解していいように思います。地域コミュニティにおける「つきあい・交流」、「信頼」、「社会参加」と言った方がいいかもしれません。

それではなぜ、今あらためてそのことが「ソーシャル・キャピタル」として取り上げられるのでしょう。かつてはコミュニティのなかにいきいきと息づいていたものが、その後のコミュニティ自体の衰退あるいは崩壊とともに現代都市社会がそのことのもつ価値を見失ってしまったからに他なりません。これまで地域のつながりの中でごく自然に芽生えてきたものが、都市とりわけ大都市では消滅しつつあります。私たちに、そのことのもつ意味の重大性に気づかせてくれたのは、あの阪神大震災でした。

震災後、その前から自主的にまちづくりに取り組んでいた地域とそうでない地域とでは、復旧・復興過程で大きな差異が生じたことはよく知られるところです。そのまちづくりの力の源泉を「地域力」と呼ぶことも今やまちづくりの慣用語になった感さえありますが、私はこの地域力こそソーシャル・キャピタルそのものだと思っています。

村上さんたちの発揮した「住民力」を渦森団地の「地域力」へとつなげていけるかどうか、このことがオールドタウン化の進む住宅団地の再生の鍵を握っているとともに、これからの成熟社会におけるまちづくりの基本となることでしょう。

あとがき

わがコンクリート長屋の住民の話は、あの地震による多くの建替えマンションのように、派手にマスコミに出ることは、ありませんでした。畑違いの本業を持つ素人が、それを書き物にするということは、これまた随分と骨の折れる仕事でした。

しかし、われわれがたどらざるを得なかった軌跡は、今後の日本における社会問題のはっきりとした縮図だと思います。運悪く、たまたまあの朝、突然遭遇しただけのことです。だから、準備期間のある多くのマンション住民は、今から手を打つ必要があると思うのです。マンションの再興という大きな目的の前で、建替えという選択肢を含む、どのような方法論を選択して展開してゆくか、会話を始めることが先決です。そのためにも、筆者が経験して感じたようなことを、事実として伝えたいと思い続けていました。

あれから一〇年以上経っても、突然の出来事がマンションのハードウェアとソフトウェアに決定的影響を及ぼしている例が、後を絶ちません。原因が天災であれ人災であれ、その後に現われ出るのは、間違いなく人と人の絡み合いです。唯一無二の安らぎの場である「住まい」を舞台に繰り広げられる生々しいやりとりを防ぎ、スムースな問題解決へと導きたいのは当然でしょう。賠償問題や訴訟につながるのは、余りに悲しいことです。ましてや事件に発展したりする例を見るにつけ、その後の長きにわたって、マンション住民全体の暮らしに大きな影を落とすことを怖れます。それを防ぐのは「全員合意」しかありません。うわべの賛成一〇〇%ではなく、お互いの存在と考え方を認め合った全員参加という道しかないということです。これがわかった時、われわれの建替え事業に光が差したのです。

個人の想いを形や言葉にすることは比較的楽ですが、それを共有してゆくことは簡単ではありません。具体的なアプローチはマンションによって千差万別ですが、少なくとも住民一人一人が、自分の住んでいる「家」の内側と外側を、一度ゆっくり眺めてみることから始まるような気がします。そして、これまで気付かなかった新しい発見があったとしたら、それはきっと皆さんの住まいへの視点に変化が出てきた証だと思います。

われわれの経験をとおしてコンクリート長屋の視点を全国のマンション住民の方と共有できれば、ここまで書いてきたことが報われます。来るべき天災にも、予期せぬ人災に対しても、緩やかに迫り来るマンションとしての死にも、コンクリート長屋の住民ならきっと立ち向かえると思います。われわれのマンションの素人住民にもできたことですから。

この書き物が成るまでに、またまた多くの時間とアルコールが消費されました。マンション復旧事業に次ぐ、膨大な量です。共著と言ってもよいくらいの世代を超えた仲間には、盛大に出版記念飲み会を開いてお礼としましょう。

筆者の願いを快く受け入れて下さり、すばらしく読み応えのあるコラムを執筆いただいた方々こそ、本当の専門家です。その貴重なアドバイスにも厚くお礼を申し上げます。また、NPOくらしと住まいネットの村島正彦様はじめ、きっかけを作ってくださった方々にも感謝いたします。校正の段階で多くの助言をくださった皆さんには、各分野からの鋭い指摘にあらためて勉強させて頂きました。

そして、素人の筆者が想像する「編集者」と寸分たがわず一致した岩波書店の田中朋子さんとの出会いが実を結ぶことに、深い感慨を覚えます。現場を共有しながらの剛柔取りまぜた粘り強いご指導に深く感謝いたします。

月に数度とない家族が揃う食卓の話題も「建替え」となってしまったことを反省すると共に、原稿に目を通してくれた息子とカットを描いてくれた娘にも感謝。最後に、二四時間三六五日プレッシャーをかけ続けてくれた、編集者と偶然同郷のわが相棒にも、あらためてお礼を。

二〇〇六年七月　蟬の鳴き始めた渦が森にて

村上佳史

	渦森団地17号館の動き	マンションをめぐる出来事
1955年		日本住宅公団設立
1956年		民間マンション第一号「四谷コーポラス」分譲される
1960年		池田勇人「所得倍増論」を提唱
1962年	渦森団地開発開始	区分所有法制定(全37条)
1964年		東京オリンピック　この年,マンションブーム
1971年		建築基準法構造基準改正
1972年	渦森団地入居開始	田中角栄『日本列島改造論』
1979年		高層住宅管理業組合設立
1983年		区分所有法改正(全70条)
1988年	夏　著者村上,渦森団地17号館に入居	
1989年	17号館で地下駐車場を建設	
1995年	3月　区役所による半壊認定 5月　住民に対する第一回アンケート調査 11月　住民臨時総会(建替え方針決議) 12月　連合自治会に建替え方針決議報告　再建委員会,神戸市住宅供給公社・復興メッセを訪問	1月17日　兵庫県南部地震 3月　被災区分所有建物の再建等に関する特別措置法施行
1996年	6月　アドバイザー派遣説明会 9月　個別ヒアリング調査説明会,方針決議提案／住民臨時総会(建替え方針決議) 10月　事業協力者決定 12月　住民臨時総会(建替え決議)／第一回近隣説明会実施(〜翌年1月までに3回)	
1997年	3月　解体同意書提出 4月　解体工事着工 9月　再建組合臨時総会(管理規約作成) 再建マンション売買契約締結	
1998年	8月「ディセット渦が森」竣工式　入居開始	
2000年		住宅品質確保促進法施行
2002年		マンションの建替えの円滑化等に関する法律制定区分所有法改正(全72条)
2005年		11月　耐震強度偽装事件
2006年		6月　旧都市公団マンション(八王子市)で欠陥・耐震強度不足問題発覚

村上佳史

1958年兵庫県西脇市生まれ．プラントメーカーの電気計装エンジニアを経て，大手産業用計測制御システムメーカーのセールスエンジニア．88年，本書の舞台となる渦森団地17号館を中古で購入．95年に兵庫県南部地震に遭遇．素人管理組合役員として，その後復旧から建替えに至る事業にかかわる．
Eメール：y_mura@kh.rim.or.jp

マンション建替え奮闘記

2006年7月28日　第1刷発行

著　者　村上佳史《むらかみよしふみ》

発行者　山口昭男

発行所　株式会社　岩波書店
〒101-8002 東京都千代田区一ツ橋2-5-5
電話案内 03-5210-4000
http://www.iwanami.co.jp/

印刷・三陽社　カバー・半七印刷　製本・桂川製本

ISBN 4-00-002167-2　　Printed in Japan

家づくり安心ガイド　日本弁護士連合会 編　四六判二二〇頁 定価一九九五円

元気が育つ家づくり ―建築家×探訪家×住み手―　仙田満・渡辺篤史 著　A5判一九四頁 定価二三一〇円

マンション ―安全と保全のために―　小林一輔・藤木良明 著　岩波新書 定価八一九円

住む人が育てる安心マンション　有馬百江 著　岩波ブックレット 定価四六二円

マンション・トラブル　山上知裕 著　岩波ブックレット 定価四六二円

「欠陥」住宅は、なぜつくられるのか ―安全なマンション・住まいを求めて―　河合敏男 著　岩波ブックレット 定価五〇四円

岩波書店刊

定価は消費税5％込です
2006年7月現在